U0516346

清史稿

趙爾巽等撰

第二三册

卷一八五至卷一九六(表)

中華書局

清史稿卷一百八十五

表二十五

部院大臣年表四下

乾隆元年丙辰	
理藩院尚書	
理藩院左侍郎	
理藩院右侍郎	
都察院滿左都御史	
都察院漢左都御史	
都察院滿左副都御史	
都察院滿左副都御史	
都察院漢左副都御史	
都察院漢左副都御史	
乾隆二年丁巳	
理藩院尚書	
理藩院左侍郎	
理藩院右侍郎	
都察院滿左都御史	
都察院漢左都御史	
都察院滿左副都御史	
都察院滿左副都御史	
都察院漢左副都御史	
都察院漢左副都御史	
乾隆三年戊午	
理藩院尚書	
理藩院左侍郎	
理藩院右侍郎	
都察院滿左都御史	
都察院漢左都御史	
都察院滿左副都御史	
都察院滿左副都御史	
都察院漢左副都御史	
都察院漢左副都御史	

僧格	
顧魯	
班第	
福敏	
孫嘉淦	十一月甲午遷。楊汝穀左都御史。
鄂爾賽	
二格	二月乙酉遷。三月甲寅，索柱左副都御史。
孫國璽	十一月甲午遷。劉永澄左副都御史。
陳世倌	

僧格	
顧魯	
班第	
福敏	
楊汝穀	
鄂爾賽	
索柱	
劉永澄	
陳世倌	七月癸丑遷。八月辛巳，趙之垣左副都

僧格	四月甲申免。納延泰理藩院尚書。
勒爾森	四月辛丑，理藩院左侍郎。
班第	四月辛丑遷。玉保理藩院右侍郎。
福敏	遷。正月乙卯，馬爾泰左都御史。七月丁卯
楊汝穀	六月丙午乞休。七月壬子，彭維新左都
鄂爾賽	
索柱	
劉永澄	九月癸丑，劉吳龍左副都御史。
趙之垣	

乾隆	
納延	
勒爾	
玉保	
查克	
魏廷	
鄂爾	
索杜	
劉吳	
趙之	

乾隆	
納延	
勒爾	
玉保	
查克	
陳世	
鄂爾	
希德	
劉吳	
尹會	御史。

乾隆	
納延	
勒爾	
玉保	
杭奕	遷。查克丹左都御史。
劉吳	御史。十二月丙戌革。魏廷珍左都御史。
二格	
德爾	
劉永	
陳守	

四年己未

泰

森

丹

珍遷。四月乙未，陳世倌左都御史。

賽

七月乙卯遷。雅爾圖左副都御史。丙寅遷。舒

龍

坦三月庚午降。田懋左副都御史。五月辛亥

五年庚申

泰

森

丹革。三月己巳，杭奕祿左都御史。

倌九月癸丑遷。甲午，王安國左都御史。己卯

賽閏六月甲子，二格左副都御史。

愼二月乙未降。三月己未，德爾敏左副都御

龍十一月壬午遷。十二月辛丑，劉永澄左副

一六月告養，免。七月己丑，陳守創左副都御

六年辛酉

泰

森

祿

龍九月遷。丁亥，劉統勳左都御史。

敏

澄

創七月甲申乞休，免。八月己亥，仲永檀左副

赫德左副都御史。十二月己卯遷。庚寅，希德慎

遷。王安國左副都御史。十一月庚申，尹會一左

遷。壬午，劉吳龍左都御史。

史。

都御史。

史。

都御史。

乾隆七年壬戌	
納延泰	
勒爾森	
玉保	
杭奕祿	
劉統勳	
二格	
德爾敏	左副都御史。
劉永澄	
仲永檀 十二月革逮。丙午，彭啓	副都御史。

乾隆八年癸亥	
納延泰	
勒爾森 六月丁卯遷。玉保理藩	
玉保 六月遷。旺札爾理藩院右	
杭奕祿	
劉統勳	
二格	
德爾敏	
劉永澄 二月甲辰病免。趙大鯨	
彭啓豐 二月甲辰，彭樹葵左	

乾隆九年甲子	
納延泰	
玉保	
旺札爾	
杭奕祿	
劉統勳	
二格	
德爾敏	
趙大鯨 九月辛巳，范燦左副	
彭樹葵 正月庚子遷。二月己未，	

豐左副都御史。

院左侍郎。
侍郎。

左副都御史。
副都御史。

都御史。
勵宗萬左副都御史。十二月戊辰遷。何國宗左

乾隆十年乙丑	
納延泰	
玉保	
旺札爾	
杭奕祿	
劉統勳	
二格	
德爾敏	
何國宗	
范燦五月己亥遷。六月丁巳，孫	

乾隆十一年丙寅	
納延泰	
玉保	
旺扎爾	
杭奕祿閏三月癸丑休致。阿克	
劉統勳	
二格	
德爾敏	
何國宗	
孫嘉淦	

乾隆十二年丁卯	
納延泰	
玉保	
旺札爾	
盛安	
劉統勳	
二格	
德爾敏三月遷。五月庚寅，德通	
何國宗	
孫嘉淦四月己巳乞休。梅瑴成	副都御史。

乾	
納	
玉	
旺	
盛	
劉	
二	
德	
何	
梅	嘉淦左副都御史。

乾	
納	
玉	
旺	
德	敦左都御史。五月丙申遷。盛安左都御史。
劉	
富	
積	
朱	
陳	

乾	
納	
玉	
旺	
德	
彭	
富	
積	左副都御史。
葉	
陳	左副都御史。

隆十三年戊辰
延泰
保
札爾
安七月戊戌遷。閏七月癸丑，德通左都御史。
統勳
格四月革。六月戊寅，嵩壽左副都御史。尋遷。七
通二月丙辰遷。三月乙未，完顏偉左副都御史。
國宗四月乙丑遷。庚午，嵇璜左副都御史。六月
穀成閏七月庚申遷。陳悳華左副都御史。

隆十四年己巳
延泰
保
札爾
通
統勳十二月庚辰遷。彭維新左都御史。
德
德
定元正月丁巳休。葉一棟左副都御史。
悳華

隆十五年庚午
延泰
保
札爾
通八月辛卯遷。九月辛亥，拉布敦左都御史。十
維新八月辛卯革。九月庚子，梅穀成左都御史。
德四月乙酉革。馬靈阿左副都御史。八月革。九
德
一棟八月辛卯革。九月甲子，胡寶瑔左副都御
悳華

月辛丑，富德左副都御史。

六月卒。閏七月戊辰，積德左副都御史。

丙辰遷。庚申，朱定元左副都御史。

一月乙亥遇害。丙辰，木和林左都御史。

月甲辰，胡寶瑔左副都御史。尋遷。廣成左副都

史。

	乾隆十六年辛未
	納延泰
	玉保
	旺札爾
	木和林
	梅轂成
	廣成
	積德
	胡寶瑔
	陳惪華
	乾隆十七年壬申
	納延泰
	玉保
	旺札爾
	木和林
	梅轂成
	廣成
	積德七月卒。增壽保左副都御史。
	胡寶瑔三月戊寅遷。甲申，李世倬左副
	陳惪華
	乾隆十八年癸酉
	納延泰
	玉保
	旺札爾
	木和林
	梅轂成九月甲戌免。十月辛丑，楊錫紱
御史。	廣成
	增壽保四月卒。己亥，麒麟保左副都御
	李世倬休致。四月，雷鋐左副都御史。
	陳惪華

乾隆十九年甲戌	
納延泰	
玉保	
旺札爾	
木和林	
楊錫紱	
廣成	
麒麟保 八月己巳，舒明左副都	
雷鋐	
陳惪華	
乾隆二十年乙亥	
納延泰	
玉保	
旺札爾	
木和林	
楊錫紱 五月辛卯遷。何國宗左都	
廣成	
舒明 十月甲辰遷。德爾敏左副都	
雷鋐	都御史。
陳惪華	
乾隆二十一年丙子	
納延泰	
玉保革。十二月丁丑，唐喀祿理藩	
旺札爾	
木和林	
何國宗 六月癸丑降。趙弘恩左都	左都御史。
廣成	
德爾敏	史。
雷鋐 五月丁亥，寶光鼐左副都	
陳惪華	

乾	
納	
唐	
旺	
木	
何	
廣	
德	史。御
賚	
陳	

乾	
納	
舒	
旺	
吳	
趙	史。御
廣	
德	史。御
賚	
孫	

乾	
納	
舒	郎。侍 左 院
旺	
德	
歸	史。御 都 左 署 宗 國 何 遷。戊 壬 月 一 十 史。御
赫	
德	
賚	史。御
張	

隆二十二年丁丑
延泰
喀祿陳亡。十二月乙丑，舒明理藩院左侍郎。
札爾
和林十一月壬子乞休。吳拜左都御史。
國宗正月甲辰遷。趙弘恩左都御史。
成
爾敏
光鼐
惠華九月壬寅遷。孫灝左副都御史。

隆二十三年戊寅
延泰
明
札爾
拜十月甲戌乞休。德敏左都御史。
弘恩九月丙申卒，戊戌，歸宣光左都御史。
成六月，免。七月，赫慶左副都御史。
爾敏
光鼐
灝十二月癸丑調。張泰開左副都御史。

隆二十四年己卯
延泰
明
札爾
敏
宣光正月癸卯遷。陳惠華左都御史。六月乙酉
慶
爾敏
光鼐
泰開

乾隆二十五年庚辰	
納延泰	
舒明	
旺札爾	
德敏十二月丙申遷。	
劉綸	
赫慶	
德爾敏	
竇光鼐	
張泰開	

乾隆二十六年辛巳	
納延泰	
舒明	
旺札爾	
永貴正月癸亥差。傅	
劉綸五月丁未遷。金	
赫慶	
溫敏九月壬寅，左副	
竇光鼐	
張泰開十一月辛酉	

乾隆二十七年壬午	
納延泰卒。九月己丑，	
舒明卒。五月，旺札爾	
旺札爾五月戊申，	
勒爾森	
金德瑛正月戊申卒。	遷。丁未，劉綸左都御史。
赫慶	
溫敏	
竇光鼐三月庚申休	
梁國治十二月丁未	

永貴左都御史。

森署左都御史。十一月甲寅，永貴遷。勒爾森左

德瑛左都御史。

都御史。

遷。梁國治左副都御史。

新柱理藩院尚書。

理藩院左侍郎。尋遷。多爾濟理藩院左侍郎。八

海明理藩院右侍郎。

董邦達左都御史。十二月丁未遷。彭啓豐左都

致。四月辛巳，蔡鴻業左副都御史。

遷。張映辰左副都御史。

乾隆二十八年	
新柱	
富鼐	
海明	
勒爾森	
彭啓豐六月壬	
赫慶	
溫敏五月戊	
張映辰卒。十二	
蔡鴻業正月壬	

乾隆二十九年	
新柱十二月丙	
富鼐	
海明	
勒爾森	都御史。
張泰開	
赫慶	
寶麟	
呂熾	
羅源漢	

乾隆三十年乙	
五吉十一月甲	
富鼐七月癸未	月辛卯，富鼐理藩院左侍郎。
海明	
勒爾森七月戊	
張泰開	御史。
赫慶	
寶麟	
呂熾	
羅源漢	

癸未

寅遷。張泰開左都御史。

午，寶鱗左副都御史。
月辛丑，呂熾左副都御史。
午遷。蔣檙左副都御史。十二月乙未遷。羅源

甲申
申遷。託恩多理藩院尚書。十一月丁卯遷。五

酉
午革。新杜理藩院尚書。
駐庫。伍勒穆集署理藩院左侍郎。九月丙戌

子卒。觀保左都御史。

乾隆三十一年丙	
新柱	
福鼐	
海明	
觀保	
張泰開正月乙未	
赫慶九月，鄂忻	
寶麟	
呂熾	
羅源漢十月甲寅	漢左副都御史。

乾隆三十二年丁	
新柱七月己丑遷。	吉理藩院尚書。
福鼐二月己酉，	
海明免。九月，慶桂	
觀保	
范時綬五月庚午	
鄂忻	
寶麟	
呂熾	
申甫十一月壬戌	

乾隆三十三年戊	
色布騰巴勒珠爾	
伍勒穆集	差。鄂寧署理藩院左侍郎。
慶桂	
觀保十二月庚申	
張泰開六月戊寅	
鄂忻遷。四月己未，	
寶麟	
呂熾三月壬寅休	
傅爲詝	

戊

遷。范時綏左都御史。

左副都御史。

遷。癸亥，申甫左副都御史。

亥

色布騰巴勒珠爾理藩院尚書。

伍勒穆集理藩院左侍郎。

理藩院右侍郎。

遷。張泰開左都御史。

革。傅爲詝左副都御史。

子

六月乙丑病免。伊勒圖理藩院尚書。

遷。素爾訥左都御史。

乞休。辛巳，范時綏左都御史。

景福左副都御史。

致。四月己未，張若溎左副都御史。八月壬申遷。

九月己丑，蔣元益左副都御史。十月庚午遷。黃

乾隆三十四年己丑	
伊勒圖	
伍勒穆集	
慶桂	
素爾訥　十一月乙酉遷。託	
范時綬	
景福	
寶麟　五月乙酉遷。壬寅，吉	
黃登賢　二月甲戌遷。三月	
傅爲許	
乾隆三十五年庚寅	
伊勒圖　差。七月乙巳，溫福	
伍勒穆集	
慶桂	
觀保　五月壬午革。癸未，永	
范時綬　閏五月甲子遷。張	
景福	
吉信	
嵇璜	
傅爲許　四月甲寅休。五月	
乾隆三十六年辛卯	
溫福　十一月丙辰遷。丁巳，	
伍勒穆集　八月戊子病免。	
慶桂	
觀保	
張若溎	
景福	
吉信　正月戊辰，瑪興阿	
嵇璜　十月壬辰遷。十一月	登賢左副都御史。
羅源漢	

恩多署左都御史。十一月己亥遷。觀保署左都

信左副都御史。
癸巳，稽璜左副都御史。

理藩院尚書。

貴左都御史。八月己卯遷。觀保左都御史。
若淮左都御史。

庚辰，劉秉恬左副都御史。六月癸未遷。乙酉，范

素爾訥理藩院尚書。
福德理藩院左侍郎。

左副都御史。十二月己卯遷。乙酉，伊滿左副都
戊戌，黃登賢左副都御史。

乾隆	
素爾	
福德	
慶桂	
觀保	御史。
張若	
景福	
伊滿	
黃登	
羅源	

乾隆	
素爾	
鄂寶	
慶桂	
觀保	
張若	
高樸	
伊滿	
黃登	
羅源	宜賓左副都御史。八月壬辰，羅源漢代。

乾隆	
素爾	
福德	
慶桂	
觀保	
張若	
永德	
巴彥	御史。
黃登	
羅源	

三十七年壬辰

訥

三月庚申差。鄂寶署理藩院左侍郎。四月戊子

淮

四月丁丑遷。癸巳，高樸左副都御史。

賢

漢

三十八年癸巳

訥

正月遷。福德理藩院左侍郎。

淮

正月癸巳遷。永德署左副都御史。

四月革。五月甲子，覺羅巴彥學左副都御史。

賢

漢

三十九年甲午

訥

七月甲戌革。阿思哈左都御史。

淮

十月壬午，阿肅左副都御史。

學

賢

漢

乾隆四十年乙未	
素爾訥	
福德	補。
慶桂	
阿思哈	
張若溎	
阿肅	
巴彥學	
黃登賢	
羅源漢	
乾隆四十一年丙申	
素爾訥 四月甲子遷。索琳理藩院尚書。七	
福德 五月病免。壬申，博清額理藩院左侍	
慶桂	
阿思哈 正月己丑遷。素爾訥兼署左都御	
張若溎 十月戊申乞休。辛亥，崔應階左都	
阿肅 五月遷。庚辰，耀海左副都御史。	
巴彥學	
黃登賢 六月丁未，申甫左副都御史。	
羅源漢	
乾隆四十二年丁酉	
奎林	
博清額	
慶桂 三月戊子遷。索琳理藩院右侍郎。	
素爾訥 三月辛未乞休。戊寅，邁拉遜左都	
崔應階	
耀海	
巴彥學	
申甫	
羅源漢	

月壬申降。伍彌泰理藩院尚書。十月甲辰遷。

郎。

史。四月甲子補。

御史。

御史。

乾隆四十三年戊戌	
奎林	
博清額	
索琳　七月丁巳革。八月癸	
邁拉遜	
崔應階	
耀海	
巴彥學	
申甫　六月卒。甲寅，曹文埴	
羅源漢	

乾隆四十四年己亥	
奎林	奎林　理藩院尚書。
博清額　十二月丙辰遷。保	
復興	
邁拉遜　二月癸亥病免。丙	
崔應階	
耀海	
巴彥學	
曹文埴　十二月戊辰遷。周	
羅源漢　十二月遷。戊辰，王	

乾隆四十五年庚子	
奎林　三月丙戌遷。博清額	
保泰　遷。二月辛酉，福祿理	
復興	
申保	
崔應階　三月壬辰乞休。癸	
耀海　三月壬辰休致。五月，	
巴彥學	
周元理　四月辛酉遷。丁卯，	
王昶　三月遷，四月辛酉，孫	

酉，復興理藩院右侍郎。

左副都御史。

泰理藩院左侍郎。

子，申保左都御史。

元理左副都御史。

昶左副都御史。

理藩院尚書。

藩院左侍郎。

巳，羅源漢左都御史。

哈福納左副都御史。

吳玉綸左副都御史。

永清左副都御史。七月癸卯遷。八月，汪承霈

乾隆四十六年辛丑	
博清額	
福祿	
復興 十一月丁巳遷。留保住理	
申保 十一月丁巳卒。復興左都	
羅源漢 十一月庚子遷。劉墉左	
哈福納	
巴彥學	
汪承霈	
吳玉綸	
乾隆四十七年壬寅	
博清額	
福祿	
留保住	
復興	
劉墉 四月甲午遷。王杰左都御	
哈福納	
巴彥學	
汪承霈 二月戊辰，遷。梁敦書左	
吳玉綸	
乾隆四十八年癸卯	
博清額	
福祿	
留保住	
復興	
王杰 五月甲辰憂免。朱椿左都	
哈福納	
巴彥學	
梁敦書	
吳玉綸	左副都御史。

乾隆四十九年甲辰	
博清額	
福祿	
留保住	藩院右侍郎。
復興五月辛巳遷。阿揚阿左都	御史。
朱椿卒。三月丁亥,周煌左都御	都御史。
哈福納	
巴彥學	
梁敦書	
吳玉綸	

乾隆五十年乙巳	
博清額六月乙酉卒。丙戌,留保	
福祿	
留保住六月丙戊遷。賽音伯爾	
阿揚阿	
周煌正月丁巳乞休。紀昀左都	史。
哈福納	
巴彥學	
梁敦書六月遷。馮晉祚左副都	副都御史。
吳玉綸	

乾隆五十一年丙午	
留保住	
福祿	
巴忠	
阿揚阿	
紀昀	御史。
哈福納	
巴彥學	
張若渟四月丙申遷。五月,劉權	
吳玉綸	

御史。

史。

住理藩院尚書。

格圖理藩院右侍郎。是月卒。丙午，巴忠理藩院

御史。

御史。尋遷。十一月庚申，張若渟左副都御史。

之左副都御史。

乾隆五十二年丁未	
留保住	
福祿	
巴忠	
阿揚阿	
紀昀正月丁亥遷。二月甲辰，李綬左	
哈福納	
巴彥學	
劉權之	
吳玉綸正月庚寅遷。二月庚申，陸錫	

乾隆五十三年戊申	
留保住	
福祿	
巴忠	左侍郎。
阿揚阿	
李綬	
哈福納	
巴彥學	
劉權之	
陸錫熊	

乾隆五十四年己酉	
留保住	
福祿二月辛卯休致。巴忠理藩院左	
巴忠二月遷。普福理藩院右侍郎。	
阿揚阿九月辛亥卒。舒常左都御史。	
李綬	
哈福納	
巴彥學	
劉權之	
陸錫熊	

乾隆五十五年庚戌	
留保住	
巴忠	
普福七月免。八月辛亥，佛住	
舒常	
李綬	都御史。
哈福納	
巴彥學	
劉權之	
陸錫熊	熊左副都御史。
乾隆五十六年辛亥	
留保住	
巴忠八月自盡。九月乙亥，諾	
佛住	
舒常	
李綬正月戊戌卒。劉墉左都	
哈福納	
巴彥學	
劉權之十月癸丑遷。十一月	
陸錫熊	
乾隆五十七年壬子	
留保住	
諾穆親正月己亥遷。佛住理	侍郎。
佛住正月己亥遷。博興理藩	
舒常	
紀昀八月癸酉遷。竇光鼐左	
哈福納十一月卒。	
巴彥學	
汪承霈	
陸錫熊四月卒。辛酉，趙佑左	

理藩院右侍郎。

穆親理藩院左侍郎。

御史。甲辰遷、紀昀左都御史。

庚辰,汪承霈左副都御史。

藩院左侍郎。

院右侍郎。九月庚子遷。舒奎理藩院右侍郎。

都御史。

副都御史。

乾隆五十八年癸丑

留保住

佛住

奎舒

舒常

竇光鼐

世魁 二月壬申，左副都御史。十二月革。

巴彥學

汪承霈

趙佑

乾隆五十九年甲寅

留保住

佛住

奎舒

舒常

竇光鼐

慶善 二月癸亥，左副都御史。

巴彥學 八月卒。十月丙辰，成德左副都御史。

汪承霈

趙佑

乾隆六十年乙卯

留保住

佛住 九月丙寅，奎舒理藩院左侍郎。

奎舒

舒常

竇光鼐 四月癸巳免。朱珪左都御史。八月丙申

慶善

成德 九月遷。十月己卯，順海左副都御史。

汪承霈

趙佑

遷。金士松左都御史。

清史稿卷一百八十六

表二十六

部院大臣年表五上

嘉慶元年丙辰	
吏部滿尚書	保寧
吏部漢尚書	劉墉
戶部滿尚書	福長安
戶部漢尚書	董誥還。
禮部滿尚書	德明
禮部漢尚書	紀昀還。
兵部滿尚書	慶桂
兵部漢尚書	朱珪還。
刑部滿尚書	蘇凌阿
刑部漢尚書	胡季堂
工部滿尚書	松筠
工部漢尚書	彭元瑞
吏部滿左侍郎	額勒春
吏部漢左侍郎	沈初六
吏部滿右侍郎	富綱還。
吏部漢右侍郎	胡高望
戶部滿左侍郎	永保十
戶部漢左侍郎	蔣賜棨
戶部滿右侍郎	成德還。
戶部漢右侍郎	韓鑅
禮部滿左侍郎	鐵保
禮部漢左侍郎	劉權之
禮部滿右侍郎	多永武
禮部漢右侍郎	周興岱
兵部滿左侍郎	玉保五
兵部漢左侍郎	趙鍈
兵部滿右侍郎	伍彌烏
兵部漢右侍郎	李潢
刑部滿左侍郎	阿精阿
刑部漢左侍郎	張若渟
刑部滿右侍郎	僧保住
刑部漢右侍郎	譚尚忠
工部滿左侍郎	台布還。
工部漢左侍郎	吳省欽
工部滿右侍郎	阿迪斯
工部漢右侍郎	范宜恆

十月庚辰，范宜恆戶部尚書。

六月乙亥，金士松禮部尚書。

六月乙亥，紀昀兵部尚書。十月丙戌遷。沈初兵

八月，惠齡署。

月乙亥遷。胡高望吏部左侍郎。
五月丙寅，玉保吏部右侍郎。
六月遷。譚尚忠吏部右侍郎。
一月革。台布戶部左侍郎。

六月己亥，台布戶部右侍郎。十一月遷。

月遷。六月戊寅，伍彌烏遜兵部左侍郎。十二月

遜遷。六月戊寅，特成額兵部右侍郎。十二月癸

遷。八月辛丑，英善刑部右侍郎。
六月乙亥遷。陸有仁刑部右侍郎。
六月己亥，成德工部左侍郎。

十月壬辰遷。趙佑工部右侍郎。

嘉慶二	
保寧	
劉墉遷。	
福長安	
范宜恆	
德明	
金士松	
慶桂	
沈初三	部尙書。
蘇淩阿	
胡季堂	
松筠	
彭元瑞	
額勒春	
胡高望	
玉保遷。	
譚尙忠	
台布	
蔣賜棨	
台布四	
韓鐮	
鐵保	
劉權之	
多永武	
周興岱	
富俊正	癸酉遷。特成額兵部左侍郎。是月卒。
趙鋐	
富俊遷。	酉遷。富俊兵部右侍郎。
李潢	
阿精阿	
張若淳	
英善	
陸有仁	
成德八	
吳省欽	
阿迪斯	
范建中	

丁巳年

三月癸亥，沈初吏部尚書。八月丙辰調。朱珪

八月丙辰卒。沈初戶部尚書。

八月丙辰調。紀昀禮部尚書。

月癸亥調。朱珪兵部尚書。八月丙辰調。金士

八月遷。舒常兼署刑部尚書。

八月，玉保吏部左侍郎。

遷。八月丙辰調。譚尚忠吏部左侍郎。十二月

八月丙辰，成德吏部右侍郎。

遷。八月，吳省欽吏部右侍郎。十二月遷。趙佑

月遷。十月，傅森戶部右侍郎。

遷。

月，兵部左侍郎。

正月，傅森兵部右侍郎。十月遷。十二月，阿迪

降。八月丙辰，熊枚刑部右侍郎。

月遷。丙辰，泰寧工部左侍郎。

八月遷。趙佑工部左侍郎。

遷。十二月，成林工部右侍郎。

工部右侍郎。九月遷。

嘉慶三年戊午	
保寧	
朱珪	吏部尚書。九月，沈初暫兼署。
福長安	
沈初	
德明	
紀昀	
慶桂	
金士松	松兵部尚書。
舒常　十一月，	
胡季堂　正月庚	
松筠	
彭元瑞	
玉保　八月，卒。成	
吳省欽　二月，遷	卒。吳省欽吏部左侍郎。
成德　遷。八月甲	
趙佑　二月，遷。劉	代。
台布	
蔣賜棨	
傅森	
韓鑅　遷。七月己	
鐵保　遷。八月甲	
劉權之　二月遷。	
多永武	
劉權之　遷。二月	
惠齡	
趙鋆　七月，卒。丁	
阿迪斯　革。正月	斯兵部右侍郎。
李潢　遷。七月丁	
阿精阿　卒。八月，	
張若渟	
英善　遷。八月，特	
熊枚	
泰寧	
趙佑	
成林　五月庚	
范建中	

蘇凌阿兼理刑部尚書。
午還。梁肯堂刑部尚書。六月甲寅還。董誥署刑
德吏部左侍郎。十一月丁亥還。
趙佑吏部左侍郎。
寅，鐵保吏部右侍郎。
權之吏部右部郎。
卯，戴衢亨戶部右侍郎。
寅，書敬禮部左侍郎。
周興岱禮部左侍郎。
丙辰，戴衢亨禮部右侍郎。七月己卯還。阮元禮
丑，李潢兵部左侍郎。
乙酉，伯麟兵部右侍郎。三月辛未還。五月庚寅，
丑，韓鑅兵部右侍郎。
英善刑部左侍郎。
克慎刑部右侍郎。
寅，那彥成工部右侍郎。

	嘉慶四年己未
	保寧還。正月戊辰,書麟
	朱珪十月壬辰還。劉權
	福長安罷。正月戊辰,松
	沈初三月庚申卒。范建
	德明
	紀昀
	慶桂還。正月戊辰,富銳
	金士松
	蘇凌阿正月罷。慶桂刑
部尚書。	董誥
	松筠還。正月丁卯,盛柱
	彭元瑞
	鐵保正月乙丑,吏部左
	趙佑還。十月壬寅,周興
	鐵保正月乙丑還。台費
	劉權之還。正月,周興岱
	台布還。正月乙丑,傅森
	蔣賜棨緣事降。二月甲
	傅森還。正月乙丑,那彥
	戴衢亨
	書敬還。正月,多永武禮
	周興岱正月還。三月庚
	多永武還。正月己卯,恆
部右侍郎。	阮元三月庚申還。羅國
	布彥達賚正月乙丑,兵
	李潢三月乙亥,初彭
台費蔭兵部右侍郎。	台費蔭正月乙丑還。豐
	韓鑅守陵。三月乙亥,曹
	英善還。二月辛丑,瑚圖
	張若渟正月還。熊枚刑
	特克愼罷。三月己巳,祿
	熊枚正月還。汪承霈刑
	泰寧七月辛巳,明安
	范建中二月甲午還。張
	那彥成正月乙丑還。盛
	張若渟二月甲午還。童

吏部尚書。三月癸亥遷。魁倫署。
之吏部尚書。
筠戶部尚書。二月己丑遷。布彥達賚戶部尚
中戶部尚書。十月壬辰遷。朱珪戶部尚書。

兵部尚書。己卯假。慶桂兼署。五月庚辰,富銳

部尚書。三月己未遷。庚申,成德刑部尚書。

署工部尚書。己卯,那彥成工部尚書。

侍郎。二月癸巳降。成林吏部左侍郎。六月丙
岱吏部左侍郎。
蔭吏部右侍郎。二月乙丑遷。英善吏部右侍
吏部右侍郎。十月遷。壬寅,童鳳三吏部右侍
戶部左侍郎。丁卯調。己卯,布彥達賚戶部左
午,范建中戶部左侍郎。三月庚申遷。阮元戶
成戶部右侍郎。己卯遷。豐紳濟倫戶部右侍

部左侍郎。
申,曹城禮部左侍郎。三月乙亥遷。羅國俊禮
傑禮部右侍郎。五月壬戌降。達椿禮部右侍
俊禮部右侍郎。三月乙亥遷。錢樾禮部右侍
部左侍郎。己卯調。善英兵部左侍郎。二月己
齡兵部左侍郎。五月庚午遷。曹城兵部左侍
紳濟倫兵部右侍郎。己卯遷。書敬兵部右侍
城兵部右侍郎。五月庚午遷。江蘭兵部右侍
禮刑部左侍郎。五月己卯調。祿康刑部左侍
部左侍郎。
康刑部右侍郎。五月己卯遷。德英刑部右侍
部右侍郎。十月壬寅遷。祖之望刑部右侍郎。
工部左侍郎。
若淳工部左侍郎。
住工部右侍郎。五月丁亥遷。明安工部右侍
鳳三工部右侍郎。十月壬寅遷。汪承霈工部

書。

病。傅森兵部尚書。

申遷。英善吏部左侍郎。

郎。六月丙申遷。達椿吏部右侍郎。九月壬戌遷。
郎。
侍郎。二月己丑遷。豐紳濟倫戶部左侍郎。
部左侍郎。
郎。二月己丑遷。台費蔭戶部右侍郎。三月遷。五

部左侍郎。五月丁丑,錢樾禮部左侍郎。
郎。六月丙申遷。文寧禮部右侍郎。
郎。五月丁丑遷。鄒炳泰禮部右侍郎。九月戊寅
丑遷。書敬兵部左侍郎。
郎。九月戊寅遷。江蘭兵部左侍郎。
郎。二月己丑遷。阿迪斯兵部右侍郎。五月庚辰
郎。九月戊寅遷。劉秉恬兵部右侍郎。
郎。十二月癸巳遷。德英刑部左侍郎。

郎。十二月癸巳遷。琅玕刑部右侍郎。

郎。七月辛巳遷。西成工部右侍郎。
右侍郎。

鐵保吏部右侍郎。十二月壬辰遷。癸巳，祿康吏

月丁亥，盛杜戶部右侍郎。

遷。曹城禮部右侍郎。

遷。文寧兵部右侍郎。六月丙申遷。惠齡兵部右

嘉慶五年庚申	
書麟	
劉權之	
布彥達賚	
朱珪	
德明　七月丙申卒。丁酉，達椿禮部	
紀昀	
傅森	
金士松　正月癸亥卒。甲子，張若渟	
成德	
董誥　六月丁卯，仍管刑部。張若渟	
那彥成　五月丙午降。丁未，琳寧工	
彭元瑞	
英善　二月丁未，革。祿康吏部左侍	
周興岱　正月甲子，遷。童鳳三吏部	
祿康　二月丁未，遷。書敬吏部右侍	部右侍郎。
童鳳三　正月甲子，遷。錢樾吏部右	
豐紳濟倫　遷。八月己卯，高杞戶部	
阮元　正月辛酉，遷。戴衢亨戶部左	
盛住　閏四月甲戌，革。額勒布戶部	
戴衢亨　正月辛酉，遷。張若渟戶部	
多永武　遷。八月己卯，英和禮部左	
錢樾　正月癸亥，遷。曹城禮部左侍	
文寧　七月丁酉，遷。英和禮部右侍	
曹城　正月癸亥，遷。丙寅，蔣曰綸禮	
書敬　二月丁未，遷。惠齡兵部左侍	
江蘭　正月癸未，革。劉秉恬兵部左	
惠齡　二月丁未，遷。縕布兵部右侍	侍郎。
劉秉恬　正月癸未，遷。陳萬全兵部	
德瑛	
熊枚	
琅玕　二月庚戌，遷。高杞刑部右侍	
祖之望　正月辛未，遷。莫瞻菉刑部	
明安	
張若渟　正月辛酉，遷。汪承霈工部	
西成	
汪承霈　正月辛酉，遷。蔣兆奎工部	

尙書。

兵部尙書。六月丁卯遷。汪承霈兵部尙書。

刑部尙書。

部尙書。

郎。八月己卯遷。文寧吏部左侍郎。

左侍郎。

郎。七月丁酉遷。文寧吏部右侍郎。八月己卯遷。

侍郎。

左侍郎

侍郎。

右侍郎。

右侍郎。遷。周興岱正月甲子,戶部右侍郎。

侍郎。

郎。

郎。八月己卯遷。札郎阿禮部右侍郎。

部右侍郎。正月辛未。遷劉躍雲禮部右侍郎。

郎。閏四月己未遷。縕布兵部左侍郎。

侍郎。二月庚戊,馮光熊兵部左侍郎。六月丁卯

郎。閏四月己未遷。范建豐兵部右侍郎。十一月

右侍郎。六月丁卯,平恕兵部右侍郎。

郎。八月己卯遷。伊桑阿刑部右侍郎。十月戊辰

右侍郎。六月丁卯遷。陸有仁刑部右侍郎。九月

左侍郎。二月辛卯遷。蔣曰綸工部左侍郎。

右侍郎。癸亥遷。莫瞻蓁工部右侍郎。正月辛未

多永武吏部右侍郎。十一月己酉降。范建豐

遷。陳萬全兵部左侍郎。

己酉遷。那彥寶兵部右侍郎。

遷。瑚圖靈阿刑部右侍郎。

辛丑遷。祖之望刑部右侍郎。

遷。蔣曰綸工部右侍郎。二月辛卯遷。乙未,陸吏部右侍郎。

有仁工部右侍郎。六月丁卯遷。莫瞻蓁工部右侍郎。

嘉慶六年辛酉

書麟 四月壬戌卒。戊辰，琳寧吏部尚書。

劉權之

布彥達賚 正月辛巳卒。壬午，傅森戶部

朱珪

達椿

紀昀

傅森 正月壬午遷。祿康兵部尚書。二月

汪承霈

成德 二月癸酉遷。祿康刑部尚書。

張若渟

琳寧 遷。四月戊辰，緼布工部尚書。

彭元瑞

文寧

童鳳三 正月乙酉病免。庚子，錢樾吏部

范建豐

錢樾 正月庚子遷。曹城吏部右侍郎。

高杞 七月遷。和寧戶部左侍郎。九月遷。

戴衢亨

額勒布

周興岱

英和 九月遷。扎郎阿禮部左侍郎。

曹城 正月庚子遷。劉躍雲禮部左侍郎。

扎郎阿 七月遷。普恩禮部右侍郎。

劉躍雲 正月庚子，潘世恩禮部右侍

緼布 四月戊辰遷。那彥寶兵部左侍郎。

陳萬全

那彥寶 四月戊辰遷。成書兵部右侍郎。

平恕

德瑛

熊枚 九月遷。祖之望刑部左侍郎。

瑚圖靈阿

祖之望 九月遷。初彭齡刑部右侍郎。

明安 遷。正月乙巳，成書工部左侍郎。四

蔣曰綸 七月遷。劉躍雲工部左侍郎。

西成 正月壬午遷。成書工部右侍郎。乙

莫瞻菉 七月遷。蔣曰綸工部右侍郎。

尚書。二月癸酉，成德戶部尚書。

癸酉遷。豐紳濟倫兵部尚書。

左侍郎。

英和戶部左侍郎。

七月遷。莫瞻菉禮部左侍郎。

郎。

七月遷。高杞兵部左侍郎。

月戊辰遷。和寧工部左侍郎。七月遷。那彥寶工

巳遷。和寧工部右侍郎。四月戊辰遷。蘇楞額工

嘉慶七年壬戌	
琳寧	
劉權之	
成德　三月壬辰卒。祿康戶部尚書。	
朱珪	
達椿　六月乙卯卒。長麟禮部尚書。	
紀昀	
豐紳濟倫	
汪承霈　七月丁酉遷。戴衢亨兵部	
祿康　正月丁酉免。德瑛刑部尚書。	
張若渟　七月丁酉卒。熊枚刑部尚	
緼布	
彭元瑞	
文寧	
錢樾　七月丁酉遷。曹城吏部左侍	
范建豐	
曹城　七月丁酉遷。李鈞簡吏部右	
英和	
戴衢亨　七月丁酉遷。平恕戶部左	
額勒布	
周興岱　正月乙卯降。壬午，平恕戶	
扎郎阿	
莫瞻菉	
恩普	
潘世恩　七月丁酉遷。闕槐禮部右	
高杞　四月辛丑遷。成書兵部左侍	
陳萬全　正月辛卯病免。李鈞簡兵	
成書　四月辛丑遷。長麟兵部右侍	
平恕　正月壬午遷。李鈞簡兵部右	
德瑛　正月丁酉遷。瑚圖靈阿刑部	
祖之望　七月癸巳遷。初彭齡刑部	
瑚圖靈阿　正月丁酉遷。賡音布刑	
初彭齡　七月癸巳遷。姜晟刑部右	
那彥寶　六月乙卯遷。蘇楞額工部	部左侍郎。
劉躍雲	
蘇楞額　六月乙卯遷。吉綸工部右	部右侍郎。
蔣曰綸	

十一月庚寅,永慶禮部尚書。辛卯,長齡遷。

尚書。

書。

郎。

侍郎。

侍郎。

部右侍郎。七月丁酉遷。錢樾戶部右侍郎。

侍郎。

郎。

部左侍郎。七月丁酉遷。劉鐶之兵部左侍郎。

郎。六月乙卯遷。那彥寶兵部右侍郎。

侍郎。辛卯遷。劉鐶之兵部右侍郎。七月丁酉遷。

左侍郎。

左侍郎。

部右侍郎。

侍郎。

左侍郎。

侍郎。十一月辛卯遷。明德工部右侍郎。

嘉慶八年癸亥	
琳寧	
劉權之	
祿康	
朱珪	
永慶 七月乙巳革。那彥	
紀昀 七月乙巳革留。	
豐紳濟倫 閏二月癸酉	
戴衢亨 六月戊子遷。費	
德瑛	
熊枚	
緼布	
彭元瑞 六月戊子病免。	
文寧	
曹城 十二月癸亥病免。	
范建豐	
李鈞簡 十二月甲子遷。	
英和	
平恕	
額勒布	
錢樾 十二月甲子遷。初	
扎郎阿 七月乙巳革。恩	
莫瞻菉 十二月甲子遷。	
恩普 七月乙巳遷。玉麟	
闕槐 七月乙巳革。王懿	
成書	
劉鐶之	
那彥寶	
潘世恩	潘世恩兵部右侍郎。
初彭齡 六月戊子遷。姜	
賡音布	
姜晟 六月戊子遷。戴均	
蘇楞額	
劉躍雲	
明德	
蔣曰綸 閏二月丁卯卒。	

成禮部尚書。

革。長麟兵部尚書。

淳兵部尚書。

戴衢亨工部尚書。

甲子，李鈞簡吏部左侍郎。

錢樾吏部右侍郎。

彭齡戶部右侍郎。

普禮部左侍郎。

王懿修禮部左侍郎。

禮部右侍郎。

修禮部右侍郎。十二月甲子遷。闊槐禮部右侍

晟刑部左侍郎。

元刑部右侍郎。

戴均元工部右侍郎。六月戊子遷。莫瞻菉工部

嘉	
琳	
劉	
祿	
朱	
那	
紀	
長	
費	
德	
熊	
縕	
戴	
文	
李	
范	
錢	
英	
平	
額	
初	
恩	
王	
玉	
闕	郎。
成	
劉	
那	
潘	
賡	
姜	
賡	
戴	
蘇	
劉	
明	
莫	右侍郎。十二月甲子遷。初彭齡工部右侍郎。

慶九年甲子
寧六月戊辰革。德瑛吏部尚書。
權之
康
珪
彥成六月癸酉遷。琳寧禮部尚書。十一月壬辰
昀
麟六月戊辰遷。明亮兵部尚書。
淳六月戊辰遷。劉權之兵部尚書。
瑛六月戊辰遷。長麟刑部尚書。
枚九月庚戌遷。姜晟刑部尚書。
布
衢亨
寧
鈞簡
建豐六月戊辰免。恩普吏部右侍郎。
樾六月戊辰降。劉鐶之吏部右侍郎。
和
恕正月庚戌卒。戴均元戶部左侍郎。七月丁酉
勒布七月庚戌降。那彥寶戶部右侍郎。
彭齡七月丁酉解。戴均元戶部右侍郎。
普六月戊辰遷。玉麟禮部左侍郎。
懿修
麟六月戊辰遷。扎郎阿禮部右侍郎。尋遷。七月
槐
書十二月戊午降。明志兵部左侍郎。
鐶之六月戊辰遷。潘世恩兵部左侍郎。七月丁
彥寶七月庚戌遷。貢楚克扎布兵部右侍郎。十
世恩六月戊辰遷。劉鳳誥兵部右侍郎。七月丁
音布七月癸卯,刑部左侍郎。
晟九月庚戌遷。祖之望刑部左侍郎。
音布七月癸卯遷。英善刑部右侍郎。十一月壬
均元正月庚戌遷。祖之望刑部右侍郎。九月庚
楞額
躍雲七月甲午降。莫瞻菉工部左侍郎。
德五月戊戌免。瑚圖禮工部右侍郎。九月遷。明
瞻菉七月甲午遷。曹振鏞工部右侍郎。

疾免。恭阿拉禮部尚書。

遷。潘世恩戶部左侍郎。

癸卯,德文禮部右侍郎。十一月壬辰遷。多永

酉遷。劉鳳誥兵部左侍郎。十二月戊午降。王

一月壬辰遷。德文兵部右侍郎。十二月戊午

酉遷。陳霞蔚兵部右侍郎。十二月戊午降。戴

辰遷。貢楚克扎布刑部右侍郎。

戊遷。劉烒刑部右侍郎。

興工部右侍郎。

	嘉慶十年乙丑
	德瑛
	費淳
	祿康
	朱珪 正月辛亥遷。戴衢
	恭阿拉
	紀昀 二月辛未卒。劉權
	明亮
	劉權之 二月辛未遷。陳
	長麟
	姜晟
	縕布
	戴衢亨 正月辛亥遷。熊
	文寧 閏六月壬午遷。托
	李鈞簡
	恩普 閏六月壬午遷。玉
	劉鐶之 正月辛亥遷。戴
	英和 閏六月壬午降。那
	潘世恩
	那彥寶 閏六月壬午遷。
	戴均元 正月辛亥遷。劉
	玉麟 閏六月壬午遷。多
	王懿修 五月己亥遷。關
武 禮部右侍郎。	多永武 閏六月壬午遷。
	關槐 五月己亥遷。戴聯
	明志
汝璧 兵部左侍郎。	王汝璧 二月辛酉遷。戴
降。廣興 兵部右侍郎。	廣興
聯奎 兵部右侍郎。	戴聯奎 二月辛酉遷。吳
	賡音布 閏六月壬午遷。
	祖之望 十月丁未乞養。
	貢楚克扎布
	劉烒 二月辛酉病免。王
	蘇楞額
	莫瞻菉
	明興 十二月庚子解任。
	曹振鏞

亨戶部尚書。

之禮部尚書。閏六月降。王懿修禮部尚書。

大文兵部尚書。五月己亥疾休。鄒炳泰兵部尚

枚工部尚書。

津吏部左侍郎。

麟吏部右侍郎。

均元吏部右侍郎。

彥寶戶部左侍郎。

恩普戶部右侍郎。

鐶之戶部右侍郎。

永武禮部左侍郎。十二月卒。

槐禮部左侍郎。六月戊辰病解。王綬禮部左侍

文寧禮部右侍郎。十二月庚子遷。多慶禮部右

奎禮部右侍郎。六月丙寅遷。王綬禮部右侍郎。

聯奎兵部左侍郎。五月己亥遷。劉躍雲兵部左

璥兵部右侍郎。二月辛未遷。劉躍雲兵部右侍

瑚素通阿刑部左侍郎。

金光悌刑部左侍郎。

汝璧刑部右侍郎。十一月丙辰疾免。周廷棟刑

文寧工部右侍郎。

嘉慶	
德瑛	
費淳	
祿康	
戴衢	
恭阿	
王懿	
明亮	
鄒炳	書。
長麟	
姜晟	
緼布	
熊枚	
托津	
李鈞	
玉麟	
戴均	
那彥	
潘世	
恩普	
劉鐶	
多慶	
王綬	郎。
多慶	侍郎。
萬承	戊辰遷。萬承風禮部右侍郎。
明志	
戴聯	侍郎。六月丙寅休。戴聯奎兵部左侍郎。
廣興	
趙秉	郎。五月己亥遷。趙秉沖兵部右侍郎。
瑚素	
金光	
貢楚	
周廷	部右侍郎。
蘇楞	
莫瞻	
文寧	
曹振	

十一年丙寅

十一月己未遷。瑚圖禮吏部尚書。

十一月己未遷。德瑛戶部尚書。

亨

拉

修

泰

六月戊寅遷。秦承恩刑部尚書。

五月癸亥遷。秦承恩工部尚書。六月戊寅遷。姜

正月丁巳遷。玉麟吏部左侍郎。

簡五月甲寅遷。戴均元吏部左侍郎。六月庚寅

正月丁巳遷。和寧吏部右侍郎。五月己酉遷。德

元五月甲寅遷。潘世恩吏部右侍郎。六月庚寅

寶正月丁巳遷。托津戶部左侍郎。

恩五月甲寅遷。趙秉沖戶部左侍郎。

正月丁巳卒。蘇楞額正月丁巳,戶部右侍郎。

之

二月丁未,禮部左侍郎。八月癸卯遷。薩彬圖禮

二月丁未,遷。德文禮部右侍郎。五月己酉遷。桂

風

八月癸卯降。廣興兵部左侍郎。九月己酉降。多

奎

八月癸卯遷。多慶兵部右侍郎。九月己酉遷。扎

沖五月甲寅遷。劉鳳誥兵部右侍郎。十月甲申

通阿

悌十月癸卯遷。周廷棟刑部左侍郎。

克扎布

棟十月癸卯遷。韓崶刑部右侍郎。

額正月丁巳遷。那彥寶工部左侍郎。壬戌遷。英

蒸九月辛亥降。丁巳,周兆基工部左侍郎。

十一月己未遷。成書工部右侍郎。

鏞六月庚寅遷。周兆基工部右侍郎。九月丁巳

晟工部尚書。八月庚寅病免。汪志伊工部尚書。

潘世恩吏部左侍郎。遷。

文吏部右侍郎。

曹振鏞吏部右侍郎。十月甲申遷。劉鳳誥吏

部左侍郎。十月癸巳遷。桂芳禮部左侍郎。

芳禮部右侍郎。十月癸巳遷。普恭禮部右侍郎。

慶兵部左侍郎。

郎阿兵部右侍郎。

邵自昌兵部右侍郎。遷。

和工部左侍郎。

蔣予蒲工部右侍郎。遷。

	嘉慶十二年
	瑚圖禮
	費淳遷。正月
	德瑛
	戴衢亨
	恭阿拉
	王懿修
	明亮
	鄒炳泰正
	長麟
	秦承恩
	緼布
十月甲申遷。曹振鏞工部尚書。	曹振鏞
	玉麟
	潘世恩
	德文
部右侍郎。	劉鳳誥
	托津
	趙秉沖
	蘇楞額
	劉鐶之
	桂芳
	王綬十一月
	普恭
	萬承風十一
	多慶
	戴聯奎十一
	邵自昌十一
	瑚素通阿
	周廷棟正月
	貢楚克扎布
	韓崶正月丙
	英和
	周兆基
	成書
	蔣予蒲

丁卯

丙午，鄒炳泰吏部尚書。

月丙午，劉權之兵部尚書。

丙寅病解。萬承風禮部左侍郎。

月丙寅遷。戴聯奎禮部右侍郎。

月丙寅遷。邵自昌兵部左侍郎。

月丙寅遷。阮元兵部右侍郎。十二月癸未遷。周

丙午遷。韓崶刑部左侍郎。

四月癸未遷。廣興刑部右侍郎。

午遷。秦瀛刑部右侍郎。

嘉慶十三年戊辰

瑚圖禮
鄒炳泰
德瑛
戴衢亨
恭阿拉
王懿修
明亮
劉權之
長麟
秦承恩六月己巳降。吳璥
緼布
曹振鏞
玉麟
潘世恩
德文
劉鳳誥
托津
趙秉沖
蘇楞額革。六月庚申，英和
劉鐶之
桂芳
萬承風十二月乙巳遷。戴
普恭五月乙巳遷。多慶禮
戴聯奎十二月乙巳遷。邵
多慶五月乙巳遷。普恭兵
邵自昌
成書五月乙巳，兵部右侍
周興岱十二月乙巳遷。萬　興岱兵部右侍郎。
瑚素通阿正月丁巳病免。
韓崶六月己巳降。章煦刑
廣興正月丁巳遷。穆克登
秦瀛六月乙巳降。許兆椿
英和六月庚申遷。慶惠工
周兆基九月己巳遷。陳希
成書五月乙巳遷。常福工
蔣予蒲二月甲申遷。陳希

刑部尚書。十二月庚申遷。金光悌刑部尚書。

戶部右侍郎。

聯奎禮部左侍郎。

部右侍郎。六月庚申遷。秀寧禮部右侍郎。

洪禮部右侍郎。

部左侍郎。

郎。

承風兵部右侍郎。

廣興刑部左侍郎。十一月甲申革。穆克登額刑

部左侍郎。九月己丑遷。許兆椿刑部左侍郎。

額刑部右侍郎。十一月甲申遷。景祿刑部右侍

刑部右侍郎。九月己丑遷。周兆基刑部右侍郎。

部左侍郎。

曾工部左侍郎。

部右侍郎。六月庚申,阿明阿工部右侍郎。

曾工部右侍郎。九月己巳遷。顧德慶工部右侍郎。

嘉慶十四年己巳	
瑚圖禮	
鄒炳泰	
德瑛十二月辛丑，降。祿康戶部尚	
戴衢亨七月丁卯，遷。曹振鏞戶部	
恭阿拉	
王懿修	
明亮	
劉權之	
長麟	
金光悌	
緼布六月庚戌，疾免。蘇楞額工部	
曹振鏞七月丁卯，遷。戴衢亨工部	
玉麟	
潘世恩	
德文六月丙午，降。桂芳吏部右侍	
劉鳳誥八月庚戌，革。周兆基吏部	
托津	
趙秉沖	
英和	
劉鐶之	
桂芳六月丙午，遷。秀寧禮部左侍	
戴聯奎	
秀寧六月丙午，遷。成格禮部右侍	
邵洪	
普恭	
邵自昌十一月丙寅，遷。秦瀛兵部	
成書	
萬承風六月壬辰，降。秦瀛兵部右	
穆克登額	部左侍郎。
許兆椿三月辛酉，遷。周兆基刑部	
景祿	郎。
周兆基三月辛酉，遷。胡克家刑部	
慶惠四月癸巳，議。阿明阿工部左	
陳希曾十二月庚戌，降留。	
阿明阿四月辛酉，遷。蘇楞額工部	
顧德慶	郎。

書。

尚書。

尚書。十二月戊戌革。秀林工部尚書。

尚書。

郎。

右侍郎。

郎。

郎。

左侍郎。

侍郎。十一月丙寅遷。萬承風仍任。

左侍郎。八月庚戌，朱理刑部左侍郎。

右侍郎。六月丙午遷。朱理刑部右侍郎。八月庚

侍郎。十二月戊戌革。辛丑，德瑛工部左侍郎。十

右侍郎。六月庚戌遷。福慶工部右侍郎。十二月

戌遷。初彭齡刑部右侍郎。十一月丙寅遷。金應

二月庚戌休。福慶工部左侍郎。

庚戌遷。棨麟工部右侍郎。

嘉慶十五年庚午	
瑚圖禮 二月辛卯遷。秀林吏	
鄒炳泰	
祿康 五月癸亥遷。托津戶部	
曹振鏞	
恭阿拉 九月壬戌遷。福慶禮	
王懿修	
明亮	
劉權之	
長麟 二月辛卯疾免。瑚圖禮	
金光悌	
秀林 二月辛卯遷。托津工部	
戴衢亨 五月癸亥遷。費淳工	
玉麟	
潘世恩	
桂芳 二月辛卯遷。榮麟吏部	
周兆基	
托津 二月辛卯遷。英和戶部	
趙秉沖	
英和 二月辛卯遷。桂芳戶部	
劉鐶之	
秀寧 八月庚子遷。德文禮部	
戴聯奎	
成格 七月乙亥遷。德文禮部	
邵洪	
普恭 七月乙亥降。成書兵部	
秦瀛 正月丁丑遷。萬承風兵	
成書 七月乙亥遷。成格兵部	
萬承風 正月丁丑遷。費淳兵	
穆克登額	
朱理	
景祿	
金應琦 正月辛未降。丁丑，秦	琦刑部右侍郎。
福慶 九月壬戌遷。常福工部	
陳希曾	
榮麟 二月辛卯遷。馬慧裕工	
顧德慶	

部尚書。六月辛丑降。瑚圖禮吏部尚書。

尚書。

部尚書。

刑部尚書。六月辛丑遷。勒保刑部尚書。

尚書。五月癸亥遷。勒保工部尚書。六月辛丑遷。
部尚書。

右侍郎。八月丁亥降。秀寧吏部右侍郎。

左侍郎。

右侍郎。

左侍郎。

右侍郎。八月庚子遷。哈寧阿禮部右侍郎。

左侍郎。

部左侍郎。
右侍郎。九月壬戌遷。明志兵部右侍郎。
部右侍郎。五月癸亥遷。宋鎔兵部右侍郎。十二

瀛刑部右侍郎。十二月甲申疾免。宋鎔刑部右
左侍郎。

部右侍郎。六月辛丑遷。常福工部右侍郎。九月

馬慧裕工部尚書。九月壬戌遷。恭阿拉工部尚書。

月甲申遷。胡長齡兵部右侍郎。

侍郎。

壬戌遷。成格工部右侍郎。

嘉慶十六年辛未	
瑚圖禮	九月乙未降。松筠吏部尚書。
鄒炳泰	
托津	
曹振鏞	
福慶	
王懿修	
明亮	六月壬子革。丙辰，恭阿拉兵部尚書。
劉權之	五月辛巳遷。劉鐶之兵部尚書。
勒保	正月癸酉遷。百齡刑部尚書。五月癸卯遷。
金光悌	
恭阿拉	六月丙辰遷。丁巳，吉綸工部尚書。
費淳	三月乙亥卒。王集工部尚書。
玉麟	九月辛丑革。鐵保吏部左侍郎。
潘世恩	
秀寧	九月辛丑遷。凱音布吏部右侍郎。
周兆基	
英和	
趙秉沖	
桂芳	
劉鐶之	五月辛巳遷。錢楷戶部右侍郎。七月戊
德文	六月甲寅遷。哈寧阿禮部左侍郎。
戴聯奎	
哈寧阿	六月甲寅遷。凱音布禮部右侍郎。九月
邵洪	七月戊寅疾免。帥承瀛禮部右侍郎。十一
成書	
萬承風	
明志	
胡長齡	
穆克登額	六月丁巳遷。景祿刑部左侍郎。
朱理	
景祿	六月丁巳遷。文寧刑部右侍郎。八月甲寅
宋鎔	
常福	
陳希曾	七月戊寅遷。錢楷工部左侍郎。七月壬
成格	
顧德慶	七月壬午遷。初彭齡工部右侍郎。十一

崇祿刑部尚書。

寅遷。陳希曾戶部右侍郎。

辛丑遷。秀寧禮部右侍郎。

月辛卯遷。汪廷珍禮部右侍郎。

遷。十一月辛卯,成寧刑部右侍郎。

午遷。顧德慶工部左侍郎。十一月辛卯,初彭

月辛卯遷。帥承瀛工部右侍郎。

嘉慶十七年壬申	
松筠	
鄒炳泰	
托津	
曹振鏞	
福慶 十月丁卯遷。恭阿拉禮	
王懿修	
恭阿拉 十月丁卯遷。福慶兵	
劉鐶之	
崇祿	
金光悌 十二月壬子卒。祖之	
吉綸	
王集 十二月壬子遷。潘世恩	
鐵保 十二月壬子遷。凱音布	
潘世恩 十二月壬子遷。周兆	
凱音布 十二月壬子遷。成寧	
周兆基 十二月壬子遷。帥承	
英和 五月戊寅降。景安戶部	
趙秉沖 五月戊寅遷。初彭齡	
桂芳	
陳希曾 五月戊寅降。趙秉沖	
哈寧阿	
戴聯奎 二月己未遷。胡長齡	
秀寧	
汪廷珍	
成書	
萬承風 十一月辛巳疾免。戴	
明志	
胡長齡 二月己未遷。戴聯奎	
景祿	
朱理 三月庚子遷。宋鎔刑部	
成寧 十一月辛未遷。文孚刑	
宋鎔 三月遷。章煦刑部右侍	
常福	
初彭齡 五月戊寅遷。帥承瀛	齡工部左侍郎。
成格	
帥承瀛 五月戊寅遷。趙秉沖	

部尚書。十二月壬子疾免。鐵保禮部尚書。

部尚書。

望刑部尚書。

工部尚書。

吏部左侍郎。

基吏部左侍郎。

吏部右侍郎。

瀛吏部右侍郎。

左侍郎。十一月辛未遷。成寧戶部左侍郎。十二

戶部左侍郎。

戶部右侍郎。

禮部左侍郎。

聯奎兵部左侍郎。

兵部右侍郎。十一月辛巳遷。吳烜兵部右侍郎。

左侍郎。

部右侍郎。

郎。

工部左侍郎。十二月壬子遷。許兆椿工部左侍

工部右侍郎。阮元八月甲寅遷。許兆椿工部右

嘉慶	
松筠	
鄒炳	
托津	
曹振	
鐵保	
王懿	
福慶	
劉鐶	
崇祿	
祖之	
吉綸	
潘世	
凱音	
周兆	
成寧	
許兆	
玉麟	月壬子遷。玉麟戶部左侍郎。
初彭	
桂芳	
趙秉	
哈寧	
胡長	
秀寧	
汪廷	
成書	
戴聯	
明志	
吳烜	
景祿	
宋鎔	
文孚	
章煦	
常福	
許兆	郎。
成格	
茹棻	侍郎。十二月壬子遷。茹棻工部右侍郎。

十八年癸酉

九月甲申遷。鐵保吏部尚書。

泰九月庚辰降。曹振鏞吏部尚書。九月甲申

鏞九月庚辰遷。潘世恩戶部尚書。

九月甲申遷。德文禮部尚書。九月癸巳革。成

修九月癸未休。甲申，胡長齡禮部尚書。

十月壬戌革。明亮署兵部尚書。

之

望十月丙申疾免。韓崶刑部尚書。

九月己卯革。成寧工部尚書。九月癸巳革。英

恩九月庚辰遷。章煦工部尚書。九月甲申遷。

布議。三月辛未，成寧吏部左侍郎。九月己卯，

基九月甲申遷。吳烜吏部左侍郎。

三月辛未遷。文寧吏部右侍郎。九月己卯遷。

椿正月辛未，吏部右侍郎。三月甲戌遷。戴聯

九月己卯革。蘇楞額戶部左侍郎。

齡九月乙亥遷。盧蔭溥戶部左侍郎。

沖

阿降。三月辛未，秀寧禮部左侍郎。九月己卯

齡九月甲申遷。汪廷珍禮部左侍郎。

三月辛未遷。英和禮部右侍郎。九月己卯，佛

珍九月甲申遷。王宗誠禮部右侍郎。

奎三月甲戌遷。吳烜兵部左侍郎。八月辛酉

革。九月丁亥，果齊斯歡兵部右侍郎。

三月甲戌遷。盧蔭溥兵部右侍郎。八月辛酉

降。八月壬子，穆克登額刑部左侍郎。三月甲

六月丁未降。壬子，穆克登額刑部右侍郎。八

遷。九月庚辰，陳預刑部右侍郎。

椿正月辛未遷。蔣予蒲工部左侍郎。三月甲

八月壬子遷。慶祥工部右侍郎。十二月庚辰，

三月甲戌遷。陳希曾工部右侍郎。

遷。章煦吏部尚書。

寧禮部尚書。

和工部尚書。
周兆基工部尚書。
文寧吏部左侍郎。

秀寧吏部右侍郎。
奎吏部右侍郎。八月辛酉，吳烜吏部右侍郎。

遷。瑚圖禮禮部左侍郎。

住禮部右侍郎。

遷。盧蔭溥兵部左侍郎。九月乙亥遷。戊寅，吳

遷。吳芳培兵部右侍郎。九月戊寅遷。溫汝适
戊，高杞刑部左侍郎。八月遷。穆克登額刑部

月壬子遷。成格刑部右侍郎。

戊，茹棻工部左侍郎。
徵瑞工部右侍郎。

嘉慶十九年	
鐵保二月丙	
章煦	
托津八月辛	
潘世恩六月	
成寧閏二月	
胡長齡八月	
明亮遷。三月	
劉鐶之六月	
崇祿	
韓崶	
英和二月丙	
周兆基	
文寧閏二月	
吳烜	
秀寧閏二月	
吳璥正月壬	九月甲申遷。吳璥吏部右侍郎。
蘇楞額二月	
盧蔭溥	
桂芳三月癸	
趙秉沖四月	
瑚圖禮四月	
汪廷珍	
佛住閏二月	
王宗誠	
成書正月壬	
吳芳培	芳培兵部左侍郎。
果齊斯歡正	
溫汝适二月	兵部右侍郎。
穆克登額二	左侍郎。
宋鎔憂。免。許	
成格二月丙	
陳預三月癸	
常福二月丙	
茹棻八月乙	
徽瑞二月丙	
陳希曾三月	

甲戌

辰革。英和吏部尚書。

未遷。瑚圖禮戶部尚書。九月癸巳遷。景安戶部
辛巳憂。劉鏆之戶部尚書。
丙子革。和寧禮部尚書。三月甲寅遷。景安禮部
乙亥疾免。戴均元禮部尚書。
甲寅，和寧兵部尚書。四月己卯降。瑚圖禮兵部
辛巳遷。初彭齡兵部尚書。

辰遷。蘇楞額工部尚書。

甲子遷。秀寧吏部左侍郎。

甲子遷。佛住吏部右侍郎。
午遷。戴均元吏部右侍郎。二月丁巳遷。顧德慶
丙辰遷。果齊斯歡戶部左侍郎。

卯遷。常福戶部右侍郎。十月乙丑解。成格戶部
庚午卒。黃鉞戶部右侍郎。
己卯遷。穆克登額禮部左侍郎。十月乙丑遷。寶

甲子遷。穆克登額禮部右侍郎。四月己卯遷。寶

辰遷。果齊斯歡兵部左侍郎。二月丙辰遷。普恭

月壬辰遷。普恭兵部右侍郎。二月丙辰遷。常福
辛亥遷。周系英兵部右侍郎。
月丙辰遷。成格刑部左侍郎。八月戊辰遷。那彥
兆椿正月癸未，刑部左侍郎。四月壬午遷。陳希
辰遷。成林刑部右侍郎。五月乙未革。那彥寶刑
卯遷。陳希曾刑部右侍郎。四月壬午遷。朱理刑
辰遷。徵瑞工部左侍郎。十一月壬辰革。穆克登
亥遷。丙子，王以衡工部左侍郎。
辰遷。穆克登額工部右侍郎。閏二月甲子遷。那
癸卯遷。鮑桂星工部右侍郎。十二月癸亥革。乙

尚書。

尚書。九月癸巳遷。瑚圖禮禮部尚書。十二月辛

尚書。八月辛未遷。明亮兵部尚書。

吏部右侍郎。

右侍郎。

興禮部左侍郎。

興禮部右侍郎。十月乙丑遷。穆彰阿禮部右侍

兵部左侍郎。九月壬子遷。禧恩兵部左侍郎。

兵部右侍郎。三月癸卯遷。禧恩兵部右侍郎。九

寶刑部左侍郎

會刑部左侍郎。

部右侍郎。八月戊,辰熙昌刑部右侍郎。

部右侍郎。

額工部左侍郎。十二月辛酉遷。景祿工部左侍

彥寶工部右侍郎。五月乙未遷。英綬工部右侍

,丑王鼎工部右侍郎。

西卒。穆克登額禮部尚書。

郎。

月壬子還。恩寧兵部右侍郎。

郎。

郎。七月壬子免。熙昌工部右侍郎。八月戊辰還。

成格工部右侍郎。十月乙丑遷。穆克登額工部

右侍郎。十一月壬辰。遷。潤祥工部右侍郎。壬寅

	嘉慶二十年乙亥
	英和
	章煦
	景安
	劉鐶之
	穆克登額
	戴均元
	明亮
	初彭齡正月戊戌降。癸
	崇祿
	韓崶
	蘇楞額
	周兆基
	秀寧
	吳烜
	佛住
	顧德慶六月丙辰遷。帥
	果齊斯歡
	盧蔭溥
	成格
	黃鉞
	寶興
	汪廷珍
	穆彰阿十二月丁卯降。
	王宗誠
	禧恩
	吳芳培憂免。六月丙辰,
	恩寧十二月丁卯降。常
	周系英憂免。四月戊寅,
	那彥寶
	陳希曾
	熙昌
	朱理五月庚寅遷。彭希
	景祿七月丁巳遷。蘇楞
	王以銜
遷。普恭工部右侍郎。	普恭
	王鼎

卯，吳璥兵部尚書。

承瀛吏部左侍郎。

貴慶禮部右侍郎。壬申，降。文寧禮部右侍郎。

顧德慶兵部左侍郎。

福兵部右侍郎。

姚文田兵部右侍郎。

濂刑部右侍郎。

額工部左侍郎。

嘉慶二十一年丙子

英和

章煦 閏六月壬寅遷。戴均元吏部尚書。

景安

劉鐶之

穆克登額 七月乙卯革。丁巳，馬慧裕禮部尚書。

戴均元 閏六月壬寅遷。章煦禮部尚書。十一月

明亮

吳璥

崇祿

韓崶 十一月己巳憂。章煦刑部尚書。

蘇楞額 七月乙卯革。和寧工部尚書。

周兆基 十一月己巳遷。茹棻工部尚書。

秀寧 十一月庚午遷。熙昌吏部左侍郎。

吳烜 六月丁丑革。戴聯奎吏部左侍郎。七月丙

佛住 六月丁丑革。普恭吏部右侍郎。

帥承瀛 三月壬辰遷。戴聯奎吏部右侍郎。六月

果齊斯歡

盧蔭溥 六月庚申，姚文田戶部左侍郎。

成格 六月庚申，那彥寶戶部右侍郎。

黃鉞 六月庚申遷。盧蔭溥戶部右侍郎。

寶興 六月癸酉降。多山禮部左侍郎。

汪廷珍

文寧 三月戊申遷。多山禮部右侍郎。六月癸酉

王宗誠 四月乞休。乙丑，姚文田禮部右侍郎。六

禧恩

顯德慶

常福

姚文田 四月乙丑遷。曹師曾兵部右侍郎。

那彥寶 六月庚申遷。熙昌刑部左侍郎。十一月

陳希曾 六月丁丑遷。帥承瀛刑部左侍郎。

熙昌 六月庚申遷。成格刑部右侍郎。

彭希濂 三月壬辰降。帥承瀛刑部右侍郎。六月

蘇楞額

王以銜

普恭 六月丁丑遷。誠安工部右侍郎。

王鼎 六月丁丑遷。陳希曾工部右侍郎。九月己

八月己亥。卒成寧禮部尚書。

己巳。遷周兆基禮部尚書。

辰。遷王鼎吏部左侍郎。

丁丑。遷王鼎吏部右侍郎。七月丙辰。遷茹棻

。遷廉善禮部右侍郎。

月庚申。遷黃鉞禮部右侍郎。

庚午。遷秀寧刑部左侍郎。

丁丑。遷朱理刑部右侍郎。十一月壬子，遷彭

未疾。免陸以莊工部右侍郎。

吏部右侍郎。十一月己巳遷。吳芳培吏部右侍

希濂刑部右侍郎。

	嘉慶二十二年丁丑	
	英和	
	戴均元	
	景安	
	劉鐶之	九月辛酉降。盧蔭溥戶部尙書。
	成寧	七月甲寅降。丙辰,和寧禮部尙書。十
	周兆基	三月戊辰卒。盧蔭溥禮部尙書。三
	明亮	六月甲戌遷。和寧兵部尙書。七月甲
	吳璥	三月辛未遷。盧蔭溥兵部尙書。九月
	崇祿	
	章煦	三月辛未病解。吳璥刑部尙書。
	和寧	六月甲戌遷。伊沖阿工部尙書。七月
	茹棻	
	熙昌	
	王鼎	
	普恭	
郞。	吳芳培	
	果齊斯歡	三月己巳降。禧恩戶部左侍郞。
	姚文田	三月戊辰遷。黃鉞戶部左侍郞。
	那彥寶	
	盧蔭溥	三月戊辰遷。姚文田戶部右侍郞。
	多山	
	汪廷珍	三月辛未遷。王引之禮部左侍郞。
	廉善	十二月乙未遷。
	黃鉞	三月戊辰遷。湯金釗禮部右侍郞。
	禧恩	三月己巳遷。常福兵部左侍郞。
	顧德慶	
	常福	三月己巳遷。穆彰阿兵部右侍郞。
	曹師曾	
	秀寧	
	帥承瀛	
	成格	十二月乙未遷。廉善刑部右侍郞。
	彭希濂	
	蘇楞額	七月丙辰遷。果齊斯歡工部左侍
	王以銜	
	誠安	
	陸以莊	

一月乙丑遷。穆克登額禮部尚書。

月辛未遷。戴聯奎禮部尚書。

辰遷。伊沖阿兵部尚書。十一月乙丑遷。和寧兵

辛酉遷。章煦兵部尚書。

丙辰遷。蘇楞額工部尚書。

郎。

嘉慶二十三年戊寅
英和
戴均元
景安
盧蔭溥
穆克登額　十二月庚寅遷。松筠禮部
戴聯奎　三月庚戌遷。汪廷珍禮部尚
和寧　|　部尚書。
章煦　三月庚戌遷。戴聯奎兵部尚書。
崇祿
吳璥
蘇楞額
茹棻
熙昌　十月丙戌卒。普恭吏部左侍郎。
王鼎
普恭　十月丙戌遷。成寧吏部右侍郎。
吳芳培　三月庚戌遷。周系英吏部右
禧恩
黃鉞
那彥寶
姚文田
多山　五月甲辰遷。哈寧阿禮部左侍
王引之
德文　正月庚子，禮部右侍郎。二月乙
湯金釗
常福
顧德慶
穆彰阿　五月癸卯遷。明興阿兵部右
曹師曾
秀寧　五月癸卯降。廉善刑部左侍郎。
帥承瀛
廉善　五月癸卯遷。穆彰阿刑部右侍
彭希濂
果齊斯歡　二月乙酉革。德文工部左
王以銜
誠安
陸以莊

尚書。
書。

十一月辛丑遷。德文吏部右侍郎。
侍郎。

郎。十一月降。恩寧禮部左侍郎。
酉遷。哈寧阿禮部右侍郎。五月甲辰遷。同麟

侍郎。九月丙申遷。穆彰阿兵部右侍郎。十月

郎。九月丙申遷。文孚刑部右侍郎。
侍郎。十月戊子遷。穆彰阿工部左侍郎。

禮部右侍郎。

戊子遷。德文兵部右侍郎。十一月辛丑遷。英惠

嘉慶二十四年己卯		
英和		
戴均元		
景安		
盧蔭溥		
松筠	六月癸卯遷。崇祿禮部尚	
汪廷珍	九月戊子降。黃鉞禮部	
和寧	正月丁巳遷。崇祿兵部尚	
戴聯奎		
崇祿	正月丁巳遷。和寧刑部尚	
吳璥	閏四月庚戌病解。韓崶刑	
蘇楞額		
茹棻		
普恭	五月辛未遷。成寧吏部左	
王鼎	閏四月庚戌遷。周系英吏	
常起	五月戊戌,吏部右侍郎。	
周系英	閏四月庚戌遷。吳芳培	
禧恩		
黃鉞	九月戊子遷。姚文田戶部	
那彥寶		
姚文田	九月戊子遷。王鼎戶部	
恩寧	遷。六月癸未,和桂禮部左	
王引之	九月戊子降。汪廷珍禮	
同麟	九月戊子降。那清安禮部	
湯金釗		
常福		
顧德慶	九月丙寅遷。王宗誠兵	
英惠	七月庚辰革。常英兵部右	兵部右侍郎。
曹師曾	九月戊子遷。吳其彥兵	
廉善		
帥承瀛		
文孚		
彭希濂	三月己亥降。王鼎閏四	
穆彰阿		
王以銜		
誠安	二月辛未遷。穆克登額工	
陸以莊		

書。九月戊子降。穆克登額禮部尚書。

尚書。

書。六月癸卯遷。松筠兵部尚書。九月癸酉遷。

書。

部尚書。

侍郎。六月癸卯遷。恩寧吏部左侍郎。

部左侍郎。九月丙辰降。顧德慶吏部左侍郎。

吏部右侍郎。十二月庚子遷。王引之吏部右

左侍郎。

右侍郎。

侍郎。九月戊子降。崇祿禮部左侍郎。

部左侍郎。

右侍郎。

部左侍郎。九月戊子降。曹師曾兵部左侍郎。

侍郎。

部右侍郎。

月庚戌，刑部右侍郎。九月戊子遷。吳邦慶刑

部右侍郎。八月壬辰遷。善慶工部右侍郎。

和世泰兵部尚書。

侍郎。

部右侍郎。十二月庚子降。吳芳培刑部右侍郎。

嘉慶二十五年庚辰	
英和	十月丁亥遷。那彥成吏部尚書。
戴均元	二月癸卯遷。吳璥吏部尚書。九月壬子
景安	十月丁亥遷。英和戶部尚書。
盧蔭溥	九月壬子遷。黃鉞戶部尚書。
穆克登額	十月丁亥遷。普恭禮部尚書。
黃鉞	九月壬子遷。汪廷珍禮部尚書。
和世泰	四月壬寅,革。戊申,伯麟兵部尚書。
戴聯奎	三月甲子降。戊辰,劉鐶之兵部尚書。九
和寧	
韓崶	
蘇楞額	十月丁亥遷。穆克登額工部尚書。
茹棻	九月壬子遷。盧蔭溥工部尚書。
恩寧	
顧德慶	九月壬子遷。湯金釗吏部左侍郎。
常起	
王引之	
禧恩	
姚文田	
那彥寶	三月丁丑遷。禧恩戶部右侍郎。九月壬
王鼎	
崇祿	六月甲寅遷。那清安禮部左侍郎。九月壬
汪廷珍	三月戊辰遷。王宗誠禮部左侍郎。
那清安	六月甲寅遷。和桂禮部右侍郎。九月壬
湯金釗	九月壬子遷。吳烜禮部右侍郎。
常福	三月甲子降。戊辰,阿克當兵部左侍郎。
曹師曾	三月甲子降。戊辰,吳邦慶兵部左侍郎。
常英	三月甲子降。戊辰,哈寧阿兵部右侍郎。
吳其彥	
廉善	九月壬子遷。那清安刑部左侍郎。十一月
帥承瀛	十二月丙午遷。韓文綺刑部左侍郎。
文孚	三月丁丑遷。海齡刑部右侍郎。
吳芳培	三月己卯遷。吳邦慶刑部右侍郎。四月
穆彰阿	
王以銜	
善慶	九月壬子遷。文孚工部右侍郎。十一月甲
陸以莊	

遷。劉鐶之吏部尚書。

月壬子遷。茹棻兵部尚書。

子遷。廉善戶部右侍郎。

子遷。慶善禮部左侍郎。

子遷。敏書禮部右侍郎。

三月己卯遷。吳芳培兵部左侍郎。

甲戌遷。那彥寶刑部左侍郎。

己亥遷。程國仁刑部右侍郎。六月壬辰革。韓

戊遷那清安工部右侍郎。

文綺　刑部右侍郎。十二月丙午遷。

清史稿卷一百八十七

表二十七

部院大臣年表五下

嘉慶元年丙辰	
理藩院尚書	
理藩院左侍郎	
理藩院右侍郎	
都察院滿左都御史	
都察院漢左都御史	
都察院滿左副都御史	
都察院滿左副都御史	
都察院漢左副都御史	
都察院漢左副都御史	

嘉慶二年丁巳	
理藩院尚書	
理藩院左侍郎	
理藩院右侍郎	
都察院滿左都御史	
都察院漢左都御史	
都察院滿左副都御史	
都察院滿左副都御史	
都察院漢左副都御史	
都察院漢左副都御史	

嘉慶三年戊午	
理藩院尚書	
理藩院左侍郎	
理藩院右侍郎	
都察院滿左都御史	
都察院漢左都御史	
都察院滿左副都御史	
都察院滿左副都御史	
都察院漢左副都御史	
都察院漢左副都御史	

留保住	三月壬申休致。烏爾圖納遜理藩院尚
富俊	
特克愼	
舒常	
金士松	六月乙亥遷。沈初左都御史。十月丙戌
慶善	十月甲戌,達慶左副都御史。
世魁	
汪承霈	
趙佑	十月壬辰遷。十二月甲戌,孟邵左副都御

烏爾圖納遜	革。二月己未,惠齡理藩院尚書。
奎舒	
特克愼	
舒常	
紀昀	八月丙辰調。胡高望左都御史。
達慶	
瑚圖靈阿	三月戊午,左副都御史。
汪承霈	
孟邵	

惠齡	
奎舒	
特克愼	八月遷。甲寅,普福理藩院右侍郎。
舒常	十二月丁亥卒。德成左都御史。
胡高望	二月壬子卒。吳省欽左都御史。
達慶	
瑚圖靈阿	
汪承霈	
孟邵	十一月戊辰,陳嗣龍左副都御史。

嘉慶四年己未	
惠齡六月丙申遷。烏爾	書。
奎舒九月革。戊辰，普福	
普福九月戊辰遷。貢楚	
成德三月庚申遷。傅森	
吳省欽正月癸酉革。乙	遷。紀昀左都御史。
達慶三月庚申遷。辛酉，	
瑚圖靈阿三月己巳，遷	
汪承霈正月遷。二月辛	
陳嗣龍	史。

嘉慶五年庚申	
烏爾圖納遜	
普福七月癸巳遷。貢楚	
貢楚克扎布六月癸巳	
達椿七月丁酉遷。書敬	
趙佑二月辛卯卒。汪承	
賡音布三月丙午遷。四	
舒聘	
蔣曰綸正月丙寅遷。劉	
陳嗣龍	

嘉慶六年辛酉	
烏爾圖納遜五月乙	
貢楚克扎布	
和寧正月乙巳遷。佛爾	
祿康正月壬午遷。西成	
馮光熊九月卒。熊枚左	
繼善二月戊午遷。丙寅，	
舒聘	
劉湄	
陳嗣龍	

圖納遜理藩院尚書。

理藩院左侍郎。

克扎布理藩院右侍郎。

左都御史。五月庚辰，阿迪斯左都御史。九月壬

亥，劉權之左都御史。十月壬辰遷。范建中左都

廣興左副都御史。十月甲午遷。辛亥，賡音布左

四月壬寅，舒聘左副都御史。

丑，蔣曰綸左副都御史。

克札布理藩院左侍郎。

遷。和寧理藩院右侍郎。

左都御史。八月己卯遷。祿康左都御史。

霈左都御史。六月丁卯遷。馮光熊左都御史。

月庚戌，繼善左副都御史。

湄左副都御史。

巳，額勒登保理藩院尚書。

卿額理藩院右侍郎。

左都御史。

都御史。

恩普左副都御史。九月一日遷。庚子，萬寧左副

嘉慶七年	
額勒登保	
貢楚克扎	
佛爾卿額	
西成四月	戊遷。達椿左都御史。
熊枚七月	御史。十月壬寅遷。趙佑左都御史。
萬寧	副都御史。
舒聘	
劉湄四月	
陳嗣龍	

嘉慶八年	
博興	
貢楚克扎	
佛爾卿額	
恭阿拉	
汪承霈	
舒聘	
陳霞蔚	
陳嗣龍	

嘉慶九年	
博興	
貢楚克扎	
明興七月	
恭阿拉十	
汪承霈九	
	都御史。
舒聘九月	
陳霞蔚七	
陳嗣龍	

壬戌

遷。二月乙卯、博興理藩院尚書。

布

壬子卒。普福左都御史。十月丙寅卒。恭阿拉

丁酉遷。汪承霈左都御史。

卒、五月辛未，陳霞蔚左副都御史。

癸亥

布

十二月戊寅遷。明興理藩院右侍郎。

甲子

布七月庚戌遷。明興理藩院左侍郎。九月遷。

庚戌遷。和寧理藩院右侍郎九月遷。

一月壬辰遷。英善左都御史。

月庚戌降。熊枚左都御史。

降。十一月丁亥，廣敏左副都御史。十二月乙

月丁酉遷。周廷棟左副都御史。

嘉慶十年乙丑	
博興	
和寧	
玉寧正月辛亥,理藩院	
英善	左都御史。
熊枚正月辛亥遷。陳大	
成格二月乙亥,左副都	
周廷棟十一月丙辰遷。	
陳嗣龍	

嘉慶十一年丙寅	
博興	
和寧正月丁巳遷。英和	
玉寧正月壬戌遷。特克	
英善五月己酉鐫級。賡	
秦承恩五月癸亥遷。熊	
潤祥十二月乙酉,左副	
成格二月丁未遷。三月	
邵自昌十月甲申遷。莫	
陳嗣龍六月乙酉降。蔣	

嘉慶十二年丁卯	
博興	
玉寧	和寧理藩院左侍郎。
特克慎	
賡音布七月癸卯降。宜	
劉權之正月丙午遷。周	
潤祥	
誠存二月休。三月乙卯,	丑遷。
莫晉	
邵洪	

右侍郎。

文左都御史。二月辛未，遷。鄒炳泰左都御史。五

御史。

十二月辛巳，邵自昌左副都御史。

理藩院左侍郎。壬戌，遷。玉寧理藩院左侍郎。

慎理藩院右侍郎。

音布左都御史。

枚左都御史。九月癸丑，降。劉權之左都御史。

都御史。

甲戌，誠存左副都御史。

晉左副都御史。

予蒲左副都御史。九月丁巳，遷。邵洪左副都御

興左都御史。

廷棟左都御史。

長琇左副都御史。

月己亥遷。王懿修左都御史。閏六月壬午遷。

史。

	嘉慶十三年戊辰
	博興
	玉寧
	特克慎五月甲辰遷。慶惠
	宜興五月甲辰遷。特克慎
秦承恩左都御史。	周廷棟十二月乙巳休。周
	潤祥
	長琇
	莫晉
	邵洪十二月乙巳遷。戴均
	嘉慶十四年己巳
	博興
	玉寧五月庚申遷。福慶理
	策丹六月庚戌遷。蘇沖阿
	特克慎十二月癸卯休。王
	周興岱十一月丙寅卒。邵
	潤祥
	長琇
	莫晉憂免。三月辛酉，秦瀛
	戴均元五月庚申遷。秦瀛
	嘉慶十五年庚午
	博興三月病免。佛爾卿額
	策丹十月己丑解。丙申，蘇
	蘇沖阿十月丙申遷。成林
	王集
	邵自昌
	潤祥
	長琇五月壬申卒。乙亥，德
	胡長齡十二月甲申遷。癸
	溫汝适八月己酉降。十月

理藩院右侍郎。六月庚申遷。景祿理藩院右侍
左都御史。
興岱左都御史。
元左副都御史。
藩院左侍郎。六月庚戌遷。策丹理藩院左侍郎。
理藩院右侍郎。
集左都御史。
自昌左都御史。
左副都御史。四月壬子遷。胡長齡左副都御史。
左副都御史。六月壬辰遷。溫汝适左副都御史。
理藩院尚書。
沖阿理藩院左侍郎。
理藩院右侍郎。十一月甲子遷。本智理藩院右
文左副都御史。七月乙亥遷。八月己亥，誠安左
巳，曹師曾左副都御史。
戊申，帥承瀛左副都御史。

嘉慶	
佛爾	
蘇沖	
本智	郎。十一月甲申，還。策丹理藩院右侍郎。
王集	
邵自	
潤祥	
誠安	
曹師	
帥承	

嘉慶	
佛爾	
慶祥	
景安	
德文	
邵自	
書明	
誠安	
曹師	
溫汝	

嘉慶	
景安	
慶祥	
普恭	侍郎。
德文	
王集	
書敏	
誠安	副都御史。
曹師	
溫汝	

十六年辛未

卿額

阿　十一月丁丑革。辛巳，慶祥理藩院左侍郎。

闓　三月丁未遷。吉綸理藩院右侍郎。六月丁巳

三　月乙亥遷。崇祿左都御史。五月癸卯遷。百齡

昌

十二月己巳遷。

曾

瀛　七月戊寅遷。辛巳，溫汝适左副都御史。

十七年壬申

卿額　十一月辛未疾免。景安理藩院尚書。

五月戊寅遷。普恭理藩院右侍郎。

昌　十二月壬子病免。王集左都御史。

阿　二月癸丑，左副都御史。壬戌，命改名書敏。

曾

适

十八年癸酉

十一月丁亥遷。和世泰理藩院尚書。

八月壬子遷。普恭理藩院左侍郎。

八月壬子遷。瑚圖禮理藩院右侍郎。九月己卯

九月甲申遷。明亮左都御史。十一月丁亥遷。景

四月甲寅遷。五月，賡泰左副都御史。

二月癸卯遷。乙卯，佛住左副都御史。九月乙卯

曾

适　九月戊寅遷。十一月戊寅，蔣予蒲左副都御

遷。貢楚克扎布理藩院右侍郎。七月乙巳,慶
左都御史。六月甲寅遷。德文左都御史。

遷。禧恩理藩院右侍郎。
安左都御史。

遷。十一月戊寅,扎拉芬左副都御史。

史。

祥理藩院右侍郎。十一月辛巳遷。景安理藩院

嘉慶十九年甲戌	
和世泰	
普恭正月壬辰遷。禧恩理藩院左侍	
禧恩正月壬辰遷。那彥寶理藩院右	右侍郎。
景安三月甲寅遷。明亮左都御史。八	
王集二月丁巳病免。戴均元左都御	
賡泰九月辛卯遷。癸卯，景祿左副都	
扎拉芬	
曹師曾	
蔣予蒲五月戊申遷。七月庚寅，李宗	

嘉慶二十年乙亥	
和世泰	
蘇沖阿四月甲子，理藩院左侍郎。	
蘇沖阿四月甲子遷。成寧理藩院右	
慶溥	
茹棻	
永祚八月乙丑遷。癸卯，多山左副都	
齊布森十一月壬辰，左副都御史。	
陸以莊	
李宗瀚憂免。四月丙子，蔣祥墀左副	

嘉慶二十一年丙子	
和世泰七月乙卯革。丁巳，慶溥理藩	
蘇沖阿四月辛未降。松寧理藩院左	
喜明	
慶溥七月丁巳遷。景祿左都御史。	
茹棻五月辛卯降。馬慧裕左都御史。	
多山三月戊申遷。四月乙丑，昇寅左	
齊布森	
陸以莊九月己未遷。彭希濂左副都	
蔣祥墀	

乙月五郎。侍左院藩理綬英遷。卯癸月三郎。

三郎。侍右院藩理綬英遷。子甲月二閏郎。侍

慶遷。丑乙月十史。御都左阿沖伊遷。未辛月

史。御都左棻茹遷。亥乙月八史。

史。御都副左祚永戌，甲遷。酉辛月二十史。御

史。御都副左瀚

郎。侍右院藩理明喜降。亥丁月一十郎。侍

史、御

史。御都

書。尚院

郎。侍

史。御都左奎聯戴辰，丙月七

阿興明午，甲月六閏遷。申甲月五史。御都副

史、御都副左晉莫丑，癸遷、子壬月一十史。御

未遷。玉福理藩院左侍郎。

月癸卯遷。玉福理藩院右侍郎。五月乙未遷。熙

溥左都御史、

左副都御史。

十二月辛巳遷。庚寅·王引之左副都御史、

院	藩	理	阿	沖	蘇	遷。	子	壬	月	七	郎。	侍	右	院	藩	理	昌	

	嘉慶二十二年丁丑
	慶溥四月壬辰遷。伊沖阿理藩院尚
	松寧二月癸未遷。甲申，常英理藩院
右侍郎。	嘉明五月辛酉遷。博興圖理藩院右
	景祿
	戴聯奎三月辛未遷。汪廷珍左都御
	明興阿
	齊布森
	蔣祥墀
	王引之三月辛未遷。四月甲午，賈允

	嘉慶二十三年戊寅
	和世泰
	常英
	博興圖
	景祿十二月庚寅降。穆克登額左都
	汪廷珍三月庚戌遷。吳芳培左都御
	明興阿正月庚子遷。二月丁亥，和桂
	齊布森十二月庚寅降。
	蔣祥墀十二月庚寅降。
	賈允升

	嘉慶二十四年己卯
	和世泰九月癸酉遷。賽沖阿理藩院
	常英七月庚辰遷。博啓圖理藩院左
	博啓圖七月庚辰遷。裕恩理藩院右
	穆克登額二月辛未降。誠安左都御
	劉鐶之
	和桂六月癸卯遷。丁巳，椿齡左副都
	善慶正月戊戌，左副都御史。八月壬
	韓鼎晉正月戊戌，左副都御史。
	賈允升

書。六月甲戌遷。晉隆理藩院尚書。七月己巳革。

左侍郎。

侍郎。

史。

升左副都御史。

御史。

史。十二月庚寅降。劉鐶之左都御史。

左副都御史、

尚書。

侍郎。

侍郎、

史。五月辛未遷、普恭左都御史。

御史。十月甲子遷。十二月己丑,同麟左副都御

辰遷。九月壬申,潤德左副都御史。

和世泰理藩院尚書。

嘉慶二十五年庚辰

賽沖阿九月壬子遷。那

博啓圖

裕恩四月辛亥革。那彥

普恭十月丁亥遷。松筠

劉鐶之三月戊辰遷。汪

同麟

潤德

韓鼎晉

賈允升

史。

彥成理藩院尚書。十月丁亥遷。和世泰理藩院

寶理藩院右侍郎。十一月甲戊遷。常英理藩院
左都御史。十一月癸巳遷。誠存左都御史。甲戊
廷珍左都御史。九月壬子遷。顧德慶左都御史。

尚書。十二月丙戌。遷晉昌理藩院尚書。

右侍郎。

遷。文孚左都御史。

清史稿卷一百八十八

表二十八

部院大臣年表六上

道光元年辛巳	
吏部滿尚書	那彥成
吏部漢尚書	劉鐶之
戶部滿尚書	英和
戶部漢尚書	黃鉞
禮部滿尚書	普恭遷。
禮部漢尚書	汪廷珍
兵部滿尚書	慶惠遷。
兵部漢尚書	茹棻八
刑部滿尚書	和瑛七
刑部漢尚書	韓崶
工部滿尚書	穆克登
工部漢尚書	盧應溥
吏部滿左侍郎	恩寧
吏部漢左侍郎	湯金釗
吏部滿右侍郎	常起
吏部漢右侍郎	王引之
戶部滿左侍郎	禧恩
戶部漢左侍郎	姚文田
戶部滿右侍郎	廉善五
戶部漢右侍郎	王鼎
禮部滿左侍郎	善慶
禮部漢左侍郎	王宗誠
禮部滿右侍郎	書敏十
禮部漢右侍郎	吳烜七
兵部滿左侍郎	阿克當
兵部漢左侍郎	吳芳培
兵部滿右侍郎	哈豐阿
兵部漢右侍郎	吳其彥
刑部滿左侍郎	那彥寶
刑部漢左侍郎	韓文綺
刑部滿右侍郎	海齡遷。
刑部漢右侍郎	王鼎二
工部滿左侍郎	穆彰阿
工部漢左侍郎	王以銜
工部滿右侍郎	那清安
工部漢右侍郎	陸以莊

七月庚戌遷。松筠吏部尚書。

十二月癸巳卒。盧蔭溥吏部尚書。

正月己丑，文孚禮部尚書。

五月己巳，松筠兵部尚書。七月庚戌遷。晉昌

月癸巳卒。初彭齡兵部尚書。十二月癸巳遷。

月庚戌卒。那彥成刑部尚書。

額

十二月癸巳遷。初彭齡工部尚書。

五月庚午，廉善吏部左侍郎。七月辛亥遷。那

月庚午遷。成書戶部右侍郎。七月乙卯卒。穆

二月壬午遷。佛住禮部右侍郎。

月壬戌病免。初彭齡禮部右侍郎。八月癸巳

阿遷。四月庚寅，成書兵部左侍郎。五月庚午

五月庚午遷。常英兵部右侍郎。

七月己巳病免。辛未，杜塄兵部右侍郎。

七月辛亥遷。廉善刑部左侍郎。

六月戊子，承光刑部右侍郎。八月己卯，海齡

月己亥免署。張映漢刑部右侍郎。

七月辛亥遷。阿克當阿工部左侍郎。十月丙

遷。十二月癸巳，陸以莊工部右侍郎。

四月庚寅遷。阿克當阿工部右侍郎。七月辛

遷。十二月癸巳，顧臯工部右侍郎。

兵部尚書。

戴聯奎兵部尚書。

彥寶吏部左侍郎。

彰阿戶部右侍郎。

遷。戴聯奎禮部右侍郎。十二月癸巳,王以衍補。

遷。哈豐阿兵部左侍郎。十二月壬午,玉麟兵部

刑部右侍郎。

戊,果齊斯歡工部左侍郎。

亥遷。果齊斯歡工部右侍郎。恩裕補。

	道光二年壬午
	松筠 六月壬戌革降。戊辰，文孚吏部
	盧蔭溥
	英和
	黃鉞
	文孚 三月庚戌遷。穆克登額禮部尚
	汪廷珍
	晉昌 六月戊辰，那清安兵部尚書。
	戴聯奎 二月癸巳卒。王宗誠兵部尚
	那彥成 十月己酉遷。蔣攸銛九月庚
	韓崶
	穆克登額 三月庚戌遷。文孚工部尚
	初彭齡
	那彥寶 正月己巳降。常起吏部左侍
	湯金釗 三月庚戌遷。王引之吏部左
	常起 正月己巳遷。佛住吏部右侍郎。
	王引之 三月庚戌遷。杜堮吏部右侍
	禧恩 閏三月乙酉遷。丙戌，果齊斯歡
	姚文田
	穆彰阿
	王鼎 正月己巳遷。陸以莊戶部右侍
	善慶 正月己巳降。玉麟禮部左侍郎。
	王宗誠 二月癸巳遷。李宗昉禮部左
	佛住 正月己巳遷。明志禮部右侍郎。
	王以銜
左侍郎。	玉麟 正月己巳遷。果齊斯歡兵部左
	吳芳培 正月己巳休致。顧德慶兵部
	常英
	杜堮 三月庚戌遷。陸以莊兵部右侍
	廉善 五月丁亥遷。玉麟刑部左侍郎。
	韓文綺 九月庚寅遷。庚子，程國仁刑
	海齡 六月戊辰遷。恩銘刑部右侍郎。
	張映漢 八月己酉，陸以莊刑部右
	果齊斯歡 正月己巳遷。舒明阿工部
	陸以莊 正月己巳遷。周系英工部左
	裕恩 六月戊辰遷。齡椿工部右侍郎。
	顧皐

尚書。

書。十一月辛巳降。己酉，玉麟禮部尚書。

書。

寅，署刑部尚書。十月己酉補。

書。六月戊辰遷。禧恩工部尚書。

郎。

侍郎。

五月辛卯病免。六月戊辰，裕恩吏部右侍郎。

郎。

戶部左侍郎。十二月丙辰，穆克登額戶部左

郎。三月庚戌遷。湯金釗戶部右侍郎。

五月乙亥遷。明志禮部左侍郎。十二月丙辰，

侍郎。

五月乙亥遷。齡椿禮部右侍郎。六月戊辰遷。

侍郎。閏三月丙戌遷。常福兵部左侍郎。十月

左侍郎。

郎。八月己酉遷。朱士彥兵部右侍郎。

六月戊辰遷。明山刑部左侍郎。十月壬戌，恩

部左侍郎。

十月壬戌遷。奎照刑部右侍郎。

侍郎。

左侍郎。

侍郎。

十月病免。壬戌，敬徵工部右侍郎。

侍郎

博啓圖禮部左侍郎。

博啓圖禮部右侍郎。十二月丙辰遷。舒英補。

己酉病免。

銘刑部左侍郎。

道光三年癸未

文孚

盧蔭溥

英和

黃鉞

玉麟　四月甲辰遷。穆克登額禮部尚書。

汪廷珍

那清安　四月甲辰遷。玉麟兵部尚書。

王宗誠

蔣攸銛　四月甲辰遷。那清安刑部尚書。

韓封

禧恩

初彭齡

常起

王引之

裕恩　九月壬辰遷。奎照吏部右侍郎。

杜堮

穆克登額　四月甲辰遷。穆彰阿戶部左侍郎。

姚文田

穆彰阿　四月丙午遷。恩銘戶部右侍郎。

湯金釗　憂免。十二月丁巳，顧臯戶部右侍郎。

博啓圖　十二月丁巳遷。舒英禮部左侍郎。

李宗昉

舒英　十二月丁巳遷。明志禮部右侍郎。

王以銜　十二月庚戌，辛從益禮部右侍郎。

恩銘　正月乙未，兵部左侍郎。四月丙午遷。常

顧德慶　十二月丁巳遷。朱士彥兵部左侍郎。

常英　四月丙午遷。耆英兵部右侍郎。

朱士彥　十二月丁巳遷。賈允升兵部右侍郎。

恩銘　正月乙未遷。廉善刑部左侍郎。卒。十一

程國仁　二月辛丑遷。戴敦元刑部左侍郎。

奎照　九月壬辰遷。多福刑部右侍郎。

陸以莊　正月丙戌，病免。史致儼刑部右侍郎。

舒明阿

周系英

敬徵

顧臯　十二月丁巳遷。顧德慶工部右侍郎。

道光四年甲	
文孚	
盧蔭溥	
英和	
黃鉞	
穆克登額	
汪廷珍	
玉麟	
王宗誠	
那清安十二	
韓崶七月丙	
禧恩	
初彭齡二月	
常起卒。七月	
王引之	
奎照七月癸	
杜堮	
裕恩七月癸	九月壬辰遷。裕恩戶部左侍郎。
姚文田七月	
恩銘七月己	
顧皋	
舒英	
李宗昉十一	
明志七月癸	
辛從益十一	
常英七月乙	英兵部左侍郎。
朱士彥	
耆英七月壬	
賈允升	
成格八月丁	月乙亥，成格刑部左侍郎。
戴敦元	
多福閏七月	
史致儼	
舒明阿	
周系英七月	
敬徵七月壬	
顧德慶	

申

月癸未遷。明山刑部尚書。

子免。陳若霖刑部尚書。

丁亥乞休。陳若霖工部尚書。七月丙子遷。陸

癸酉，裕恩吏部左侍郎。

酉遷。百春署吏部右侍郎。

酉遷。明志戶部左侍郎。

丙子遷。周系英戶部左侍郎。十一月丙辰病

卯革。壬午，敬徵戶部右侍郎。

月丙辰遷。辛從益禮部左侍郎。十二月戊辰

酉遷。奎照禮部右侍郎。

月丙辰遷。汪守和禮部右侍郎。十二月戊辰

卯革。壬午，耆英兵部左侍郎。

午遷。凱音布兵部右侍郎。閏七月辛丑遷。寶

亥遷。凱音布刑部左侍郎。

辛丑遷。凱音布刑部右侍郎。八月丁亥遷。常

丙子遷。程含章工部左侍郎。十二月戊辰遷。

午遷。廣泰工部右侍郎。

	道光五年乙酉
	文孚
	盧蔭溥
	英和
	黃鉞
	穆克登額
	汪廷珍
	玉麟
	王宗誠
	明山八月癸亥開缺。
	陳若霖
	禧恩
以莊工部尚書。	陸以莊
	裕恩免。三月甲寅,凱
	王引之
	百春三月甲寅,補吏
	杜堮
	明志
免。李宗昉戶部左侍郎。	李宗昉
	敬徵
	顧皋
	舒英
遷。汪守和禮部左侍郎。	汪守和
	奎照
遷。劉彬士禮部右侍郎。	劉彬士
	耆英四月己丑遷。寶
	朱士彥
興兵部右侍郎。	寶興四月己丑遷。貴
	賈允升
	凱音布三月甲寅遷。
	戴敦元
文署刑部右侍郎。	常文四月乙丑遷。昇
	史致儼
	舒明阿十月己未遷。
辛從益工部左侍郎。	辛從益
	廣泰遷。三月壬辰,昇
	顧德慶

嵩孚刑部尚書。

音布吏部左侍郎。

部右侍郎。十二月遷。貴慶吏部右侍郎。

興兵部左侍郎。九月遷。奕經兵部左侍郎。

慶兵部右侍郎。十二月遷。武忠額兵部右侍郎。

英瑞刑部左侍郎。

寅刑部右侍郎。

奎照兼署。十二月，博啓圖工部左侍郎。

寅工部右侍郎。四月乙丑遷。耆英工部右侍郎。

道光六年丙戌

文孚

盧蔭溥

英和 十二月戊午遷。禧恩戶部尚書。

黃鉞 九月己卯病免。王鼎戶部尚書。

穆克登額 五月乙未病免。松筠禮部尚書。

汪廷珍

玉麟

王宗誠

嵩孚 五月戊戌遷。明山刑部尚書。

陳若霖

禧恩 十二月戊午遷。穆彰阿工部尚書。

陸以莊

凱音布

王引之

貴慶

杜堮

明志 二月丙辰，博啓圖戶部左侍郎。尋遷。九

李宗昉

敬徵 九月己丑遷。耆英戶部右侍郎。

顧臯

舒英

汪守和

奎照 九月戊子遷。裕恩禮部右侍郎。

劉彬士 正月甲午遷。史致儼禮部右侍郎。

奕經

朱士彥

武忠額

賈允升

英瑞

戴敦元

昇寅 十一月癸巳遷。特登額刑部右侍郎。

史致儼 正月甲午遷。劉彬士刑部右侍郎。十一

博啓圖 二月丙辰遷。阿爾邦阿工部左侍郎。九

辛從益

耆英 九月戊子遷。阿爾邦阿工部右侍郎。

顧德慶 病免。八月乙亥，李宗昉工部右侍郎。

道光七年丁	
文孚	
盧蔭溥	
禧恩	
王鼎	
松筠	
汪廷珍七月	
玉麟	
王宗誠	
明山	
陳若霖	
穆彰阿	
陸以莊五月	
凱音布	
王引之五月	
貴慶	
杜堮十月丙	
敬徵	月己丑，敬徵戶部左侍郎。
李宗昉七月	
者英	
顧皋七月丁	
舒英	
汪守和	
裕恩	
史致儼	
奕經五月遷。	
朱士彥	
武忠額正月	
賈允升	
英瑞	
戴敦元	
特登額八月	
邱樹棠	月癸卯遷。邱樹棠刑部右侍郎。
奎照五月己	月戊子遷。奎照工部左侍郎。
辛從益十月	
阿爾邦阿	
李宗昉七月	

亥

壬子卒。丁巳,姚文田禮部尚書。十月丙戌卒。

壬午病免。王引之工部尚書。

壬午遷。潘世恩吏部左侍郎。十月丙戌遷。杜

戊遷。辛從益吏部右侍郎。十二月病免。白鎔

丁巳遷。顧皋戶部左侍郎。

巳遷。李宗昉戶部右侍郎。

己丑,奎照兵部左侍郎。

遷。庚子,松廷兵部右侍郎。

乙酉遷。鍾昌刑部右侍郎。

丑遷。奕經工部左侍郎。

丙戌遷。韓鼎晉工部左侍郎。

丁巳遷。白鎔工部右侍郎。

	道光八年戊子
	文孚
	盧蔭溥
	禧恩
	王鼎
	松筠
湯金鉞禮部尚書。	湯金鉞
	玉麟
	王宗誠
	明山
	陳若霖
	穆彰阿
	王引之
	凱音布十一月戊戌遷。貴
堮吏部左侍郎。	杜堮
	貴慶十一月戊戌遷。裕恩
吏部右侍郎。	白鎔
	敬徵
	顧皋
	耆英
	李宗昉
	舒英
	汪守和
	裕恩十一月戊戌遷。色克
	史致儼
	奎照九月己酉革。常文兵
	朱士彥
	松廷
	賈允升
	英瑞十二月戊戌病免。海
	戴敦元
	鍾昌
	邱樹棠正月戊申補。
	奕經
	韓鼎晉正月戊申休。甲子，
	阿爾邦阿
	白鎔

	道光九年己丑
	文孚
	盧蔭溥
	禧恩
	王鼎
	松筠六月甲戌遷。博啓
	湯金釗
	玉麟六月甲戌遷。松筠
	王宗誠
	明山
	陳若霖
	穆彰阿
	王引之
慶吏部左侍郎。	貴慶
	杜堮
吏部右侍郎。	裕恩十一月丁巳遷。保
	白鎔
	敬徵
	顧臯四月丙戌病免。汪
	耆英九月己酉遷。寶興
	李宗昉
	舒英
	汪守和四月丙戌遷。史
精額禮部右侍郎。	色克精額
	史致儼四月丙戌遷。楊
部左侍郎。	常文遷。九月己酉，保昌
	朱士彥
	松廷九月己酉，博啓
	賈允升
齡刑部左侍郎。	海齡
	戴敦元
	鍾昌
	邱樹棠三月戊午遷。祁
	奕經
李宗昉工部左侍郎。	李宗昉
	阿爾邦阿
	白鎔

圖|禮部尚書。九月己酉，革。者|英|禮部尚書。

兵部尚書。

昌|吏部右侍郎。

守|和|戶部左侍郎。

戶部右侍郎。

致|儼|禮部左侍郎。

懌|曾|禮部右侍郎。

兵部左侍郎。十一月丁巳，遷。博|啓|圖|兵部左侍

圖|兵部右侍郎。十一月丁巳，遷。桂|輪|兵部右侍

瑱|刑部右侍郎。

道光十年庚寅

文孚

盧蔭溥九月戊寅遷。湯金釗吏部尚書。

禧恩

王鼎

耆英

湯金釗九月戊寅遷。王引之禮部尚書。

松筠

王宗誠

明山

陳若霖

穆彰阿

王引之九月戊寅遷。潘世恩工部尚書。

貴慶

杜堮

保昌七月丙子遷。鍾昌吏部右侍郎。十一

白鎔

敬徵

汪守和

寶興

李宗昉

舒英

史致儼七月丙子遷。楊懌曾禮部左侍郎

色克精額

楊懌曾七月丙子遷。龔守正禮部右侍郎。

郎。 博啓圖

朱士彥九月戊寅遷。蔣攸銛兵部左侍郎

郎。 桂輪

賈允升十月壬子遷。張鱗兵部右侍郎。

海齡

戴敦元

鍾昌七月丙子遷。特登額刑部右侍郎。十

祁塤十一月壬午遷。戴宗沅刑部右侍郎。

奕經十一月癸未遷。那丹珠工部左侍郎。

李宗昉

阿爾邦阿

白鎔

道	
文	
湯	
禧	
王	
耆	
王	
松	
王	
明	
陳	
穆	
潘	
貴	
杜	
奕	月癸未遷。奕經吏部右侍郎。
白	
敬	
汪	
寶	
李	
舒	
龔	十一月丙寅遷。丁卯，龔守正禮部左侍郎。
色	
桂	十一月丙寅遷。桂齡禮部右侍郎。
博	
賈	十月壬子卒。賈允升兵部左侍郎。
桂	
張	
海	
戴	
鍾	一月癸未遷。鍾昌刑部右侍郎。
戴	
那	
李	
阿	
白	

光 十一年辛卯
孚
金釗 五月丙寅降。潘世恩吏部尚書。
恩
鼎
英
引之
筠 八月乙未病免。穆彰阿兵部尚書。十二月乙
宗誠
山
若霖
彰阿 八月乙未遷。富俊工部尚書。十二月乙酉
世恩 五月丙寅遷。朱士彥工部尚書。
慶 正月壬申遷。鍾昌吏部左侍郎。三月丁卯遷
埍
經 十月辛巳遷。桂輪吏部右侍郎。
銘遷。五月丙寅，申啓賢吏部右侍郎。
徵
守和
興 三月丁卯遷。博啓圖戶部右侍郎。八月乙未
宗昉
英
守正 十二月戊子，桂齡禮部左侍郎。
克精額
齡 十二月遷。戊子，陳用光禮部右侍郎。
啓圖 三月丁卯遷。桂輪兵部左侍郎。八月乙未
允升 正月丙子休。張鱗兵部左侍郎。
輪 三月丁卯遷。那丹珠兵部右侍郎。八月乙未
鱗 正月丙子遷。吳椿兵部右侍郎。戊寅遷。何淩
齡 九月乙丑，特登額刑部左侍郎。十二月乙
敦元
昌 正月壬申遷。貴慶刑部右侍郎。九月乙丑遷。
宗沅
丹珠 三月丁卯遷。惠顯工部左侍郎。
宗瀚 正月戊寅憂免。吳椿工部左侍郎。
爾邦阿遷。十月辛巳，那丹珠工部右侍郎。
銘 五月丙寅遷。何淩漢工部右侍郎。

酉遷。那清安兵部尚書。

遷。穆彰阿工部尚書。

寶興吏部左侍郎。九月乙丑,貴慶吏部左侍郎。

遷、桂輪戶部右侍郎、十月辛巳遷、阿爾邦阿戶

遷。那丹珠兵部左侍郎。十月辛巳遷。裕誠兵部

遷。鐵麟兵部右侍郎。

漢署兵部右侍郎。五月丙寅,湯金釗兵部右侍郎

巳遷。凱音布刑部左侍郎。

凱音布刑部右侍郎、十二月乙巳遷、恩銘刑部

道光十二年	
文孚	
潘世恩	
禧恩	
王鼎	
耆英	
王引之正月	
那清安	
王宗誠	
明山	
陳若霖正月	
穆彰阿	
朱士彥	
奕經	十月辛巳遷。奕經吏部左侍郎。
杜堮	
桂輪	
申啓賢正月	
敬徵	
汪守和正月	
阿爾邦阿	部右侍郎。
李宗昉	
舒英十月病	
桂齡	
色克精額遷。	
陳用光	
裕誠正月甲	左侍郎。
張鱗	
鐵麟九月丁	
湯金釗正月	郎。
凱音布正月	
戴敦元正月	
恩銘九月甲	右侍郎。
戴宗沅	
惠顯正月	
吳椿	
那丹珠二月	
何淩漢	

壬辰

癸酉憂。汪守和禮部尚書。

丁卯休。戴敦元署刑部尚書。二月己丑補。

甲戌遷。湯金釗吏部右侍郎。

癸酉遷。甲戌，申啓賢戶部左侍郎。

免。色克精額禮部左侍郎。

十二月壬戌，文慶禮部右侍郎。

戌遷。凱音布兵部左侍郎。九月丁卯遷。鐵麟

卯遷。奕紀兵部右侍郎。
甲戌遷。王楚堂兵部右侍郎。
甲戌遷。鄂順安刑部左侍郎。九月丁卯遷。凱
丁卯遷。二月己丑，史致儼刑部左侍郎。正月
寅遷。奎照刑部右侍郎。丁卯遷。鄂順安刑部

甲戌，誠裕工部左侍郎。二月己丑遷。常文工

己丑遷。裕誠工部右侍郎。

兵部左侍郎。

音布刑部左侍郎。

戊辰，劉彬士署。

右侍郎。

部左侍郎。九月丁未卒。奎照工部左侍郎。甲寅

	道光十三年癸巳
	文孚
	潘世恩 四月己酉遷。朱士彦吏部
	禧恩 五月丁酉遷。穆彰阿戶部尚
	王鼎
	耆英
	汪守和
	那清安
	王宗誠
	明山
	戴敦元
	穆彰阿 五月丁酉遷。博啓圖工部
	朱士彦 四月己酉遷。白鎔工部尚
	奕經
	杜堮
	桂輪
	湯金釗 正月丁丑遷。何淩漢吏部
	敬徵
	申啓賢 正月丁丑，湯金釗戶部
	阿爾邦阿
	李宗昉 四月己酉遷。張鱗戶部右
	色克精額
	桂齡 七月丙子，陳用光禮部左
	文慶
	陳用光 七月丙子，陳嵩慶禮部
	鐵麟
	張鱗 四月己酉遷。朱爲弼兵部左
	奕紀
	王楚堂 六月庚子遷。龔守正兵部
	凱音布
	史致儼 十月辛酉遷。姚元之刑部
	鄂順安 三月戊戌遷。裕泰刑部右
	戴宗沅 三月戊戌卒。姚元之刑部
遷。恩銘代。	恩銘 四月戊申遷。松筠工部左侍
	吳椿
	裕誠
	何淩漢 正月丁丑遷。姚元之工部

尚書。
書。

尚書。
書。

右侍郎。四月己酉遷。李宗昉吏部右侍郎。七月

左侍郎。四月己酉遷。何淩漢戶部左侍郎。七月

侍郎。

侍郎。

右侍郎。

侍郎。六月庚子遷。王楚堂兵部左侍郎。

右侍郎。

左侍郎。

侍郎。十一月丙戌遷。恩特亨額刑部右侍郎。

右侍郎。十月辛酉遷。趙盛奎刑部右侍郎。
郎。

右侍郎。三月戊戌遷。廖鴻荃工部右侍郎。

道光十四年甲午	
文孚 十一月丙戌	
朱士彥 假。二月辛	
穆彰阿 十一月丙	
王鼎	
耆英 七月丙子。遷	
汪守和 二月辛酉	
那清安 十一月癸	
王宗誠	
明山 二月庚午病	
戴敦元 十一月	
博啓圖 七月丙子	
白鎔 二月辛酉。差	
奕經 七月丙子。遷	
杜堮	
桂輪 遷。七月丙,子	
何淩漢 遷。二月辛	丙子,何淩漢吏部右侍郎。
敬徵 七月丙子。遷	
桂齡 二月辛酉。遷	遷。丙子,桂齡戶部右侍郎。
阿爾邦阿	
張鱗 二月辛酉。遷	
色克精額	
陳用光	
文慶 遷。十二月甲	
陳嵩慶	
鐵麟 六月壬戌。遷	
王楚堂 十一月壬	
奕紀 六月壬戌。遷	
龔守正 十一月壬	
凱音布 五月壬申	
姚元之 十一月丁	
恩特亨額 五月壬	
趙盛奎	
松筠 正月丁亥。休	
吳椿 二月辛酉。遷	
裕誠 正月丁亥。遷	
廖鴻荃 二月辛酉	

遷。穆彰阿吏部尚書。

酉，湯金釗吏部尚書。

戊遷。耆英戶部尚書。

昇寅禮部尚書。十一月壬申卒。奕顥禮部尚

遷。史致儼禮部尚書。十一月甲子遷。汪守和

亥卒。丙戌，奕顥兵部尚書。

免。成格刑部尚書。

癸酉，史致儼刑部尚書。

卒。耆英工部尚書。十一月丙戌遷。敬徵工部

汪守和工部尚書。十一月甲子遷。史致儼工

桂輪吏部左侍郎。

奕紀吏部右侍郎。十二月甲辰遷。文慶吏部

酉，桂齡吏部右侍郎。十一月癸亥降。劉彬士

奕經戶部左侍郎。十二月甲辰遷。奕紀戶部

張鱗戶部左侍郎。十一月丁亥遷。龔守正戶

吳椿戶部右侍郎。十一月丁亥遷。姚元之戶

辰，聯順禮部右侍郎。

奕紀兵部左侍郎。七月丙子遷。嵩溥兵部左

申遷。龔守正兵部左侍郎。丁亥遷。沈岐兵部

嵩溥兵部右侍郎。七月丙子遷。寶善兵部右

申遷。史譜兵部右侍郎。

遷。恩特亨額刑部左侍郎。

亥遷。劉彬士刑部左侍郎。

申遷。祥康刑部右侍郎。

裕誠工部左侍郎。

廖鴻荃工部左侍郎。十一月丁亥病免。沈維

賽尚阿工部右侍郎。

遷。程恩澤工部右侍郎。

書。丙戌遷。載銓禮部尚書。
禮部尚書。

尚書。
部尚書。癸酉遷。王引之工部尚書。丙戌卒。丁亥，

右侍郎。
吏部右侍郎。丁亥遷。張鱗吏部右侍郎。
左侍郎。
部左侍郎。

部右侍郎。

侍郎。八月癸丑遷。聯順兵部左侍郎。十二月甲
左侍郎。
侍郎。十二月丙辰遷。廉敬兵部右侍郎。

鐈工部左侍郎。

	道光十五年乙未
	穆彰阿
	湯金釗
	耆英
	王鼎
	載銓閏六月遷。恩銘禮部
	汪守和
	奕顥
	王宗誠
	成格
	史致儼
	敬徵閏六月免。載銓工部
何淩漢工部尚書。	何淩漢
	桂輪
	杜堮七月甲寅遷。申啓賢
	文慶十二月丙子遷。恩桂
	張鱗四月壬寅，龔守正
	奕紀
	龔守正四月壬寅遷。姚元
	阿爾邦阿十月丙子病免。
	姚元之四月壬寅遷。程恩
	色克精額
	陳用光七月甲寅病免。杜
	聯順
	陳嵩慶九月乙卯遷。卓秉
寅遷。丙辰，寶善補。	寶善
	沈岐十月庚辰，廖鴻荃
	廉敬二月己未遷。恩桂兵
	史譜
	恩特亨額九月丙午遷。丁
	劉彬士
	祥康二月己未遷。敬廉刑
	趙盛奎八月癸亥遷。姚元
	裕誠
	沈維鐈
	賽尚阿
	程恩澤四月壬寅遷。吳傑

尚書。

尚書。

吏部左侍郎。九月乙卯遷。陳嵩慶吏部左侍郎。
吏部右侍郎。
吏部右侍郎。

之戶部左侍郎。八月癸亥，遷。趙盛奎戶部左侍
文慶戶部右侍郎。
澤戶部右侍郎。

堮禮部左侍郎。

恬禮部右侍郎。

兵部左侍郎。
部右侍郎。十二月丙子遷。溥治兵部右侍郎。

未，廉敬刑部左侍郎。

部右侍郎。九月遷。丁未，特登額刑部右侍郎。乙
之刑部右侍郎。

工部右侍郎。

		道光十六年丙申
	穆彰阿	七月庚子遷。
	湯金釗	
	耆英	七月庚子遷。奕
	王鼎	
	恩銘	七月革。壬寅，貴
	汪守和	五月戊戌卒。
	奕顥	七月庚子遷。禧
	王宗誠	
	成格	
	史致儼	
	敬徵	
	何淩漢	
	桂輪	
	陳嵩慶	二月壬午病
	恩桂	
	龔守正	五月戊戌遷。
	奕紀	十一月庚子遷。
郎。	趙盛奎	七月壬寅降。
	文慶	十一月庚子遷。
	程恩澤	
	色克精額	
	杜堮	三月壬辰病免。
	聯順	
	卓秉恬	三月壬辰遷。
	寶善	十二月壬戌，
	廖鴻荃	五月乙巳遷。
	溥治	十二月壬戌遷。
	史譜	五月乙巳遷。祁
	廉敬	五月己亥遷。貴
	劉彬士	
卯遷。貴慶刑部右侍郎。	貴慶	五月己亥遷。明
	姚元之	
	裕誠	
	沈維鐈	
	賽尚阿	十一月庚子
	吳傑	五月乙巳，廖

耆英吏部尙書。九月戊申，奕經吏部尙書。

顥戶部尙書。

慶禮部尙書。
吳椿禮部尙書。
恩兵部尙書。

免。李宗昉吏部左侍郎。五月戊戌，遷。龔守正吏

卓秉恬吏部右侍郎。七月壬寅，遷。陳官俊吏部
文慶戶部左侍郎。
龔守正戶部左侍郎。
賽尙阿戶部右侍郎。

卓秉恬禮部左侍郎。五月戊戌，遷。陳官俊禮部

陳官俊禮部右侍郎。五月戊戌，遷。史評禮部右
溥治兵部左侍郎。
史譜兵部左侍郎。八月庚寅，病免。祁寯藻兵部
耆英兵部右侍郎。
寯藻兵部右侍郎。八月庚寅，遷。潘錫恩兵部右
慶刑部左侍郎。七月壬寅，遷。恩銘刑部左侍郎。

訓刑部右侍郎。九月丙午，降。隆文刑部右侍郎。

遷。奎照工部右侍郎。
鴻荃工部右侍郎。

部左侍郎。七月壬寅遷。卓秉恬吏部左侍郎。

右侍郎。

左侍郎。七月壬寅遷。史評禮部左侍郎。

侍郎。七月壬寅遷。王植禮部右侍郎。

左侍郎。

侍郎。

道光十七年丁酉

奕經

湯金釗

奕顥

王鼎

貴慶　五月戊寅病免。奕紀禮部尚書。

吳椿

禧恩

王宗誠　正月卒。壬辰，朱士彥兵部尚書。

成格

史致儼

敬徵

何凌漢

桂輪

卓秉恬　十二月己巳遷。陳官俊吏部左侍郎、

恩桂　四月癸亥遷。隆文吏部右侍郎。

陳官俊　十二月己巳遷。龔守正吏部右侍郎。

文慶

龔守正　十二月己巳遷。祁寯藻戶部左侍郎、

賽尚阿　七月壬午遷。裕誠戶部右侍郎。

程恩澤　八月丁未卒。祁寯藻戶部右侍郎。十二

色克精額

史評　十月乙卯，王植禮部左侍郎。

聯順　五月戊寅遷。道慶禮部右侍郎。八月甲寅

王植　十月乙卯遷。吳文鎔禮部右侍郎。

溥治

祁寯藻　八月丁未遷。吳其濬兵部左侍郎。十二

耆英　三月甲午遷。倭什訥兵部右侍郎。十二月

潘錫恩

恩銘

劉彬士

隆文　四月癸亥遷。惠吉刑部右侍郎。

姚元之

裕誠　七月壬午遷。聯順工部左侍郎。

沈維鐈

奎照　五月戊寅遷。聯順工部右侍郎。七月壬午

廖鴻荃

道光十八年	
奕經	
湯金釗五月	
奕顥閏四月	
王鼎五月癸	
奕紀閏四月	
吳椿九月乙	
禧恩閏四月	
朱士彥五月	
成格閏四月	
史致儼二月	
敬徵	
何淩漢	
桂輪	
陳官俊	
隆文十月壬	
龔守正十二	
文慶	
祁寯藻	
裕誠十月壬	
吳其濬	月己巳遷。吳其濬戶部右侍郎。
色克精額	
王植	
連貴	革。連貴禮部右侍郎。
吳文鎔閏四	
溥治	
朱嶟	月己巳遷。朱嶟兵部左侍郎。
倭什訥革。十	革。功普兵部右侍郎。
潘錫恩	
恩銘八月己	
劉彬士病免。	
惠吉閏四月	
姚元之閏四	
聯順十一月	
沈維鐈六月	
恩桂十月壬	遷。恩桂工部右侍郎。
廖鴻荃六月	

戊戌

癸丑遷。朱士彥吏部尚書。九月乙丑卒。湯金釗

庚寅遷。奕紀戶部尚書。

丑遷。湯金釗戶部尚書。九月乙丑遷。吳椿戶部

庚寅遷。成格禮部尚書。八月己丑免。奎照禮部

丑遷。龔守正署。

己丑革。成格兵部尚書。庚寅遷。奕顥兵部尚書。

癸丑遷。卓秉恬兵部尚書。

己丑遷。鄂山刑部尚書。七月戊申卒。寶興刑部

乙巳病免。祁𡎴刑部尚書。

子遷。恩桂吏部右侍郎。

月乙未遷。廖鴻荃吏部右侍郎。

子遷。隆文戶部右侍郎。十一月乙丑遷。聯順戶

月戊戌遷。沈岐禮部右侍郎。

一月甲子，德興兵部右侍郎。

丑遷。麟魁刑部左侍郎。

閏四月庚寅，姚元之刑部左侍郎。五月癸丑遷，

庚寅遷。麟魁刑部右侍郎。八月己丑遷，善燾刑

月戊戌遷。吳文鎔刑部右侍郎。五月癸丑遷。許

乙丑遷。文蔚工部左侍郎。

丙戌病免。廖鴻荃工部左侍郎。十二月乙未遷，

子遷。松峻工部右侍郎。

丙戌遷。李振祜工部右侍郎。

道光十九	
奕經	
湯金釗	吏部尚書。
奕紀	
吳椿三月	尚書。
奎照	尚書。
龔守正三	
裕誠	十一月乙丑革。裕誠兵部尚書。
卓秉恬	
恩銘三月	尚書。十月壬子遷。恩銘刑部尚書。
祁𡎴	
敬徵	
何淩漢三	
桂輪	
陳官俊三	
恩桂	
廖鴻荃三	
文慶	
祁寯藻九	
聯順二月	部右侍郎。
吳其濬九	
色克精額	
王植四月	
連貴五月	
沈岐四月	
溥治降。五	
朱嶟	
德興三月	
潘錫恩	
麟魁	
吳文鎔四	吳文鎔刑部左侍郎。
善燾二月	部右侍郎。
許乃普三	乃普刑部右侍郎。
文蔚	
杜受田	杜受田工部左侍郎。
松峻	
李振祜三	

年己亥
辛丑病免。何淩漢戶部尚書。
月辛丑補。
乙卯遷。隆文刑部尚書。
月辛丑遷。陳官俊工部尚書。十二月戊子解任。
月辛丑遷。許乃普吏部左侍郎。
月辛丑遷。李振祜吏部右侍郎。九月戊申遷。祁
月戊申遷。吳其濬戶部左侍郎。
庚午降。善燾戶部右侍郎。
月戊申遷。王瑋慶戶部右侍郎。
辛未遷。沈岐禮部左侍郎。十二月戊子遷。毛式
乙巳降。關聖保禮部右侍郎。
辛未遷。王瑋慶禮部右侍郎。九月戊申遷。黃爵
月乙巳，倭什訥兵部左侍郎。
丙辰遷。德春兵部右侍郎。
月辛未遷。王植刑部左侍郎。
庚午遷。阿勒清阿刑部右侍郎。
月辛丑遷。趙盛奎刑部右侍郎。七月壬戌病免。
月辛丑遷。徐士芬工部右侍郎。

廖鴻荃工部尚書。

寯藻吏部右侍郎。十二月戊子遷。沈岐吏部右

郇禮部左侍郎。

滋禮部右侍郎。十二月乙亥遷。毛式郇禮部右

王瑋慶署。十二月乙亥，黃爵滋刑部右侍郎。

道光二十年	
奕經	
湯金釗	
奕紀正月革。	
何淩漢二月	
奎照	
龔守正	
裕誠	
卓秉恬二月	
隆文二月癸	
祁墳	
敬徵	
廖鴻荃	
桂輪	
許乃普十一	
恩桂十二月	
沈岐二月丁	侍郎。
文慶十二月	
吳其濬十一	
善燾十二月	
王瑋慶	
色克精額六	
毛式郇	
關聖保遷。六	
馮芝	侍郎。戊子遷。馮芝禮部右侍郎。
倭什訥	
朱嶟	
德春三月	
潘錫恩二月	
麟魁十二月	
王植十一月	
阿勒清阿正	
黃爵滋十一	
文蔚十二月	
杜受田	
松峻十二	
徐士芬	

庚子
隆文戶部尚書。
丁卯卒。卓秉恬戶部尚書。
丁卯遷。祁寯藻兵部尚書。
亥遷。阿勒精阿刑部尚書。
月丙辰遷。潘錫恩吏部左侍郎。
戊辰遷。己巳，善燾吏部右侍郎。
卯遷。潘錫恩吏部右侍郎。十一月丙辰遷。王
革。甲戌，文蔚戶部左侍郎。
月丙辰遷。許乃普戶部左侍郎。
己巳遷。麟魁戶部右侍郎。
月遷。丁卯，闞聖保禮部左侍郎。
月丁卯，薩迎阿禮部右侍郎。
癸未，端華兵部右侍郎。
丁卯遷。己巳，魏元烺兵部右侍郎。
己巳遷。柏葰刑部左侍郎。
丙辰遷。黃爵滋刑部左侍郎。
月戊戌遷。德誠刑部右侍郎。
月丙辰遷。周之琦刑部右侍郎。
甲戌遷。特登額工部左侍郎。
月丙申，阿靈阿工部右侍郎。

道光二十一年辛丑	
奕經	
湯金釗閏三月丙寅降。卓秉	
隆文五月己卯卒。敬徵戶部	
卓秉恬閏三月丙寅遷。祁寯	
奎照四月甲辰病免。色克精	
龔守正	
裕誠	
祁寯藻閏三月丙寅遷。許乃	
阿勒清阿	
祁墳二月辛酉遷。李振祜署	
敬徵五月己卯遷。賽尚阿工	
廖鴻荃	
桂輪八月癸未遷。麟魁吏部	
潘錫恩	
善燾	
王植閏三月丁卯遷。毛式郁	植吏部右侍郎。
文蔚	
許乃普閏三月丙午遷。杜受	
麟魁八月癸未遷。端華戶部	
王瑋慶	
關聖保	
毛式郁閏三月丁卯遷。馮芝	
薩迎阿	
馮芝閏三月丁卯遷。毛樹棠	
倭什訥	
朱嶟	
端華八月癸未遷。慧成兵部	
魏元烺	
柏葰	
黃爵滋	
德誠	
周之琦閏三月丁卯遷。王植	
特登額	
杜受田三月丙午遷。徐士芬	
阿靈阿	
徐士芬三月丙午遷。賈楨工	

恬吏部尚書。

尚書。

藻戶部尚書。

額禮部尚書。

普兵部尚書。

刑部尚書。七月壬戌補。

部尚書。

左侍郎。

吏部右侍郎。

田戶部左侍郎。

右侍郎。

禮部左侍郎。

禮部右侍郎。七月壬戌遷。王炳瀛禮部右侍郎。

右侍郎。

刑部右侍郎。

工部左侍郎。

部右侍郎。

道光二十二年壬寅
奕經 十月甲午革。恩桂吏部尚書。
卓秉恬
敬徵
祁寯藻
色克精額 五月己未卒。恩桂禮部尚書。十月甲
龔守正
裕誠
許乃普
阿勒清阿
李振祜
賽尚阿
廖鴻荃
麟魁
潘錫恩 十一月庚戌遷。陳官俊吏部左侍郎。
善燾
毛式郇
文蔚 十月甲午革。丙申端華戶部左侍郎。
杜受田
端華 十月丙午遷。薩迎阿戶部右侍郎。
王瑋慶 卒。正月丙寅，陳官俊戶部右侍郎。十一
關聖保
馮芝
薩迎阿 十月丙申遷。連貴禮部右侍郎。
王炳瀛
倭什訥 降。十二月癸巳，道慶兵部左侍郎。
朱嶟
慧成 十一月辛亥遷。惟勤兵部右侍郎。
魏元烺 五月己未遷。何汝霖兵部右侍郎。十一
柏葰
黃爵滋 憂免。五月己未，王植刑部左侍郎。
德誠 正月丁丑遷。成剛刑部右侍郎。
王植 五月己未遷。魏元烺刑部右侍郎。
特登額
徐士芬
阿靈阿
賈楨

道光二十三	
恩桂	
卓秉恬	
敬徵	
祁寯藻	
麟魁四月丙	午遷。麟魁署禮部尚書。
龔守正十二	
裕誠	
許乃普	
阿勒清阿	
李振祜	
賽尚阿	
廖鴻荃	
麟魁四月丙	
陳官俊十二	
善燾四月丙	
毛式郇十二	
端華	
杜受田	
薩迎阿四月	
何汝霖	月庚戌遷。何汝霖戶部右侍郎。
關聖保閏七	
馮芝	
連貴閏七月	
王炳瀛三月	
道慶	
朱嶟	
惟勤四月甲	
祝慶蕃十二	月庚戌遷。祝慶蕃兵部右侍郎。
柏葰四月丙	
王植十一月	
成剛四月丁	
魏元烺十二	
特登額四月	
徐士芬	
阿靈阿	
賈楨	

年癸卯

子補。

月丁巳病免。陳官俊禮部尚書。

子遷。善燾吏部左侍郎。丁丑遷。柏葰吏部左侍

月丁巳遷。祝慶蕃吏部左侍郎。

子遷。柏葰吏部右侍郎。丁丑遷。文慶吏部右侍

月己酉遷。祝慶蕃吏部右侍郎。丁巳遷。季芝昌

丁丑遷。善燾戶部右侍郎。閏七月丁亥遷。柏葰

月辛未遷。連貴禮部左侍郎。

辛未遷。賡福禮部右侍郎。丁亥遷、博迪蘇禮部

辛未病免。楊殿邦禮部右侍郎。六月己卯遷。季

戌遷、舒興阿兵部右侍郎。

月己酉遷。侯桐兵部右侍郎。

子遷、特登額刑部左侍郎。丁丑遷。成剛刑部左

辛巳遷。十二月己酉，魏元烺刑部左侍郎。

丑遷。惠豐刑部右侍郎。閏七月遷。賡福刑部右

月己酉遷。張澧中署。

丙子遷。閏七月辛未，闕聖保工部左侍郎。

郎。閏七月丁亥遷。文慶吏部左侍郎。

郎。閏七月丁亥遷。成剛吏部右侍郎。

吏部右侍郎。

戶部右侍郎。

右侍郎。

芝昌禮部右侍郎。十二月丁巳遷。周祖培禮部

侍郎。閏七月丁亥遷。惠豐刑部左侍郎。

侍郎。

道光二十四年甲辰

恩桂

卓秉恬 十二月戊申遷。陳官俊吏部

敬徵

祁寯藻

麟魁 二月庚戌革。特登額禮部尚書。

陳官俊 二月庚戌遷。李宗昉禮部尚

裕誠

許乃普

阿勒清阿

李振祜

賽尚阿

廖鴻荃 二月庚戌革。陳官俊工部尚

文慶 二月庚戌遷。辛亥，柏葰吏部左

祝慶蕃 二月壬子遷。季芝昌吏部左

成剛 二月辛亥遷。惠豐吏部右侍郎。

季芝昌 二月壬子遷。侯桐吏部右侍

端華

杜受田 二月庚戌遷。壬子，祝慶蕃戶

柏葰 二月辛亥遷。成剛戶部右侍郎。

何汝霖 十二月戊申遷。賈楨戶部右

連貴

馮芝 三月癸巳病免。周祖培禮部左

博迪蘇 十月癸亥遷。倭什訥禮部右

右侍郎。

周祖培 三月癸巳遷。吳鍾駿禮部右

道慶

朱嶟

舒興阿 七月辛卯遷。關聖保兵部右

侯桐 二月壬子遷。孫瑞珍兵部右侍

惠豐 二月遷。福廣刑部左侍郎。

魏元烺

福廣 二月辛亥遷。斌良刑部右侍郎。

張澧中 十月甲午補。

關聖保 七月辛卯遷。舒興阿工部左

徐士芬

阿靈阿 十月癸亥遷。花沙納工部右

賈楨 十二月戊申遷。周祖培工部右

尚書。

書。

書。十二月戊申遷。杜受田工部尚書。

侍郎。

侍郎。

郎。

部左侍郎。十二月戊申遷。何汝霖戶部左侍郎。

侍郎。

侍郎、十二月戊申遷。馮芝禮部左侍郎。

侍郎。

侍郎。

侍郎。八月癸丑病免。倭什訥兵部右侍郎。十月

郎。

侍郎。十月癸亥遷。阿靈阿工部左侍郎。

侍郎。

侍郎。

道光二十五年乙	
恩桂	
陳官俊	
敬徵二月癸丑革。	
祁寯藻	
特登額八月辛丑	
李宗昉十月辛丑	
裕誠二月癸丑遷。	
許乃普四月丙辰	
阿勒清阿	
李振祜	
賽尚阿二月癸丑	
杜受田	
柏葰	
季芝昌	
惠豐	
侯桐	
端華	
何汝霖四月丙辰	
成剛二月癸丑遷。	
賈楨四月遷。徐士	
連貴	
馮芝	
倭什訥	
吳鍾駿	
道慶四月降。德厚	
朱嶟四月降。孫瑞	
福濟二月癸丑遷。	癸亥遷。福濟兵部右侍郎。
孫瑞珍四月遷。趙	
賡福	
魏元烺十月辛丑	
斌良	
張澧中	
阿靈阿	
徐士芬四月遷。十	
花沙納二月癸丑	
周祖培十月壬寅	

巳

賽尚阿戶部尚書。

遷。保昌禮部尚書。
病免。祝慶蕃禮部尚書。
文慶兵部尚書。
革。何汝霖兵部尚書。

遷。裕誠工部尚書。四月丙辰革。敬徵工部尚書。

遷。賈楨戶部左侍郎。
花沙納戶部右侍郎。
芬戶部右侍郎。

兵部左侍郎。
珍兵部左侍郎。
瑞常兵部右侍郎。
光兵部右侍郎。

遷。壬寅，周祖培刑部左侍郎。

二月丁酉，羅文俊工部左侍郎。十二月丁酉病
遷。福濟工部右侍郎。
遷。張芾工部右侍郎。

道光二十	
恩桂	
陳官俊	
賽尚阿	
祁寯藻	
保昌	
祝慶蕃	
文慶	
何汝霖	
阿勒清阿	
李振祜	
特登額	八月辛丑病免。特登額工部尚書。
杜受田	
柏葰閏五	
季芝昌	
惠豐閏五	
侯桐	
端華閏	
賈楨	
花沙納	
徐士芬十	
連貴	
馮芝	
倭什訥	
吳鍾駿	
德厚	
孫瑞珍	
瑞常	
趙光	
賡福	
周祖培	
斌良遷。十	
張澧中	
阿靈阿	
王廣蔭	免。王廣蔭工部左侍郎。
福濟閏五	
張芾	

六年丙午	道光二十七
	恩桂
	陳官俊
	賽尚阿
	祁寯藻
	保昌
	祝慶蕃三月
	文慶
	何汝霖五月
	阿勒清阿
	李振祜
	特登額
	杜受田
月戊戌遷。惠豐吏部左侍郎。	惠豐
	季芝昌
月戊戌遷。福濟吏部右侍郎。	福濟
	侯桐
五月戊戌，柏葰戶部左侍郎。	柏葰
	賈楨三月
	花沙納
二月免。己未，李煌戶部右侍郎。	李煌五月丁
	連貴
	馮芝
	倭什訥遷。八
	吳鍾駿
	德厚
	孫瑞珍遷。三
	瑞常
	趙光三月乙
	賡福十二月
	周祖培
二月辛未，全慶刑部右侍郎。	全慶
	張澧中十一
	阿靈阿
	王廣蔭
月戊戌遷。明訓工部右侍郎。	明訓
	張芾

未丁年

部禮楨賈戌，丙月五書。尚部禮烺元魏革。巳乙

書。尚部兵烺元魏憂。戊丙

李亥，丁遷。戊丙月五郎。侍左部戶珍瑞孫巳，乙

郎。侍右部戶標鳳朱遷。亥

部禮林廣遷。月二十郎。侍右部禮魁麟子，甲月

郎。侍左部兵光趙巳，己月

兵琮黃遷。亥丁月五郎。侍右部兵標鳳朱遷。巳

郎。侍左部刑魁麟遷。酉辛

郎。侍右部刑恩孚陳遷。辰壬月

	道光二十八年戊申
	恩桂二月壬子卒。文慶吏部
	陳官俊
	賽尚阿
	祁寯藻
	保昌二月壬子遷。麟魁禮部
尚書。	賈楨
	文慶二月壬子遷。保昌兵部
	魏元烺
	阿勒清阿
	李振祜
	特登額
	杜受田
	惠豐二月遷。花沙納吏部左
	季芝昌八月丙寅遷。侯桐吏
	福濟十二月丙寅遷。明訓吏
	侯桐八月丙寅遷。張芾吏部
	柏葰十二月乙丑遷。丙寅,阿
煌戶部左侍郎。	李煌卒。二月己酉,趙光戶部
	阿靈阿十二月丙寅遷。福濟
	朱鳳標
	連貴正月庚寅卒。聯順禮部
	馮芝
右侍郎。	廣林
	吳鍾駿
	德厚
	趙光二月己酉遷。黃琮兵部
	瑞常
部右侍郎。	黃琮二月己酉遷。何桂清兵
	麟魁二月壬子遷。寶清署刑
	周祖培
	全慶十二月乙丑遷。恆春刑
	陳孚恩
	阿靈阿二月遷。恩華工部左
	王廣蔭
	明訓十二月丙寅遷。靈桂工
	張芾八月丙寅遷。彭蘊章工

尚書。

尚書。十二月乙丑革。成剛禮部尚書。

尚書。

侍郎。

部左侍郎。

部右侍郎。

右侍郎。

靈阿戶部左侍郎。

左侍郎。

戶部右侍郎。

左侍郎。

左侍郎。九月辛巳乞養。孫葆元兵部左侍郎。

部右侍郎。八月丙寅,孫葆元兵部右侍郎。九月

部左侍郎。八月癸卯補。十二月乙丑革。全慶刑

部右侍郎。

侍郎。

部右侍郎。

部右侍郎。

道光二十九年己		
文慶		
陳官俊	七月戊戌	
賽尚阿		
祁寯藻		
成剛	六月己丑卒。	
賈楨	七月戊戌遷。	
保昌		
魏元烺		
阿勒清阿		
李振祜	十二月乙	
特登額		
杜受田		
花沙納		
侯桐		
明訓		
張芾		
阿靈阿		
趙光	十二月丙寅	
福濟		
朱鳳標		
聯順		
馮芝	正月丙戌休。	
廣林		
吳鍾駿	正月丙戌	
德厚	正月休。辛卯,	
孫葆元		
瑞常	正月辛丑遷。	
戴熙	七月己未病	辛巳遷。戴熙兵部右侍郎。
全慶		部左侍郎。
周祖培		
恆春		
陳孚恩	七月戊戌	
恩華		
王廣蔭	七月戊戌	
靈桂		
彭蘊章		

酉

卒。賈楨吏部尚書。

惠豐禮部尚書。
孫瑞珍禮部尚書。

酉病免。陳孚恩刑部尚書。

遷。季芝昌戶部左侍郎。

吳鍾駿禮部左侍郎。

遷。曾國藩禮部右侍郎。
瑞常兵部左侍郎。

道慶兵部右侍郎。九月乙巳，慶祺兵部右侍
免。黃贊湯兵部右侍郎。十二月丙寅遷。趙光

遷。趙炳言刑部右侍郎。十二月卒。丙寅，黃贊

遷。陳孚恩工部左侍郎。十二月乙酉遷。翁心

道光三十年庚戌		
文慶	七月丙申革。柏葰吏部	
賈楨		
賽尚阿		
祁寯藻	六月壬戌遷。孫瑞珍	
惠豐		
孫瑞珍	五月庚戌遷。何汝霖	
保昌	三月癸巳卒。柏葰兵部	
魏元烺		
阿勒清阿		
陳孚恩	五月庚戌乞養。杜受	
特登額		
杜受田	五月庚戌遷。孫瑞珍	
花沙納	三月甲午遷。瑞常吏	
侯桐		
明訓		
張芾		
阿靈阿		
季芝昌	六月甲子遷。朱鳳標	
福濟	革。七月丁酉，書元戶部	
朱鳳標	六月甲子遷。翁心存	
聯順		
吳鍾駿		
廣林	三月遷。甲午，瑞麟禮部	
曾國藩		
瑞常	三月甲午遷。恩華兵部	
孫葆元		
慶祺	四月乙酉遷。春佑兵部	郎。
趙光		兵部右侍郎。
全慶		
周祖培		
恆春		
黃贊湯		湯刑部右侍郎。
恩華	遷。三月甲午，廣林工部	
翁心存	六月甲子遷。曾國藩	存工部左侍郎。
靈桂	四月丙戌遷。奕毓工部	
彭蘊章		

尚書。
戶部尚書。
禮部尚書。
尚書。七月丙申遷。裕誠兵部尚書。
田刑部尚書。
工部尚書。六月壬戌遷。王廣蔭工部尚書。
部左侍郎。
戶部左侍郎。
右侍郎。
戶部右侍郎。
右侍郎。
左侍郎。
右侍郎。
左侍郎。四月丙戌遷。靈桂工部左侍郎。
兼署。八月癸未，車克慎工部左侍郎。
右侍郎。

清史稿卷一百八十九

表二十九

部院大臣年表六下

道光元年辛巳
理藩院尚書
理藩院左侍郎
理藩院右侍郎
都察院滿左都御史
都察院漢左都御史
都察院滿左副都御史
都察院滿左副都御史
都察院漢左副都御史
都察院漢左副都御史

道光二年壬午
理藩院尚書
理藩院左侍郎
理藩院右侍郎
都察院滿左都御史
都察院漢左都御史
都察院滿左副都御史
都察院滿左副都御史
都察院漢左副都御史
都察院漢左副都御史

道光三年癸未
理藩院尚書
理藩院左侍郎
理藩院右侍郎
都察院滿左都御史
都察院漢左都御史
都察院滿左副都御史
都察院滿左副都御史
都察院漢左副都御史
都察院漢左副都御史

晉昌	七月庚戌遷。穆克登布理藩院尙書。
博啓圖	
常英	五月庚午遷。裕恩理藩院右侍郎。十月丙
文孚	正月己丑遷。那清安署左都御史。四月庚
顧德慶	
凱音布	
同麟	六月己丑遷。戊戌，齊布森左副都御史。
韓鼎晉	
賈允升	
穆克登布	閏三月乙酉免。禧恩理藩院尙書。六
博啓圖	遷。六月戊辰，海齡理藩院左侍郎。
明志	正月己巳遷。色克精額理藩院右侍郎。十
那清安	六月戊辰遷。玉麟左都御史。十一月乙
顧德慶	降。正月己巳，王鼎左都御史。
凱音布	
齊布森	五月丁亥遷。丁酉，多福左副都御史。
韓鼎晉	
賈允升	
富俊	
海齡	
耆英	四月丙午遷。明志理藩院右侍郎。十二月
松筠	九月壬辰遷。穆彰阿左都御史。
王鼎	正月乙未，史致光左都御史。七月戊辰
凱音布	
多福	九月壬辰遷。十月壬戌，那丹珠左副都御
韓鼎晉	
賈允升	十二月遷。

戊遷。明志理藩院右侍郎。
寅補。

月戊辰遷。富俊理藩院尚書。

一月辛巳降。舒英理藩院右侍郎。十二月丙辰
酉遷。慶保左都御史。十二月癸丑遷。松筠左都

丁巳遷。色克精額理藩院右侍郎。

病免。陸以莊左都御史。

史。

	道光四年甲申
	富俊 二月丁酉遷。穆彰阿理藩院
	海齡 二月庚辰遷。色克精額理藩
	色克精額 二月庚辰遷。凱音布理
	穆彰阿 二月丁酉遷。松筠左都御
	陸以莊 七月丙子遷。姚文田左都
	凱音布 二月庚辰遷。四月辛酉，寶
	那丹珠 七月壬午遷。閏七月戊申，
	韓鼎晉
	劉彬士 正月辛卯，左副都御史。十

	道光五年乙酉
	穆彰阿 六月甲戌差。普恭署理藩
	色克精額
遷。耆英補。	那丹珠
御史。	松筠
	姚文田
	常文 二月甲戌，惠端左副都御
	德奎 七月戊子，多山左副都御
	韓鼎晉
	陸言 二月甲戌，左副都御史。

	道光六年丙戌
	穆彰阿 十二月戊午遷。英和理藩
	色克精額
	那丹珠
	松筠 五月乙未遷。那清安左都御
	姚文田
	惠端 三月己酉，福申左副都御
	多山
	韓鼎晉 六月遷。辛未，李宗瀚左副
	陸言

尚書。

院左侍郎。

藩院右侍郎。七月壬午遷。那丹珠理藩院右侍

史。穆彰阿仍署。

御史。

興左副都御史。閏七月辛丑遷。八月壬戌，常文

德奎左副都御史。

二月戊辰遷。

院尚書。

史。

史。

院尚書。

史。

史。

都御史。

道光七年丁亥	
英和七月己未免。富俊理藩院尚	
色克精額	
那丹珠	郎。
那清安	
姚文田七月丁巳遷。湯金釗左都	
福申三月壬寅，惠顯左副都御	左副都御史。
多山九月癸丑，普保署左副都	
李宗瀚	
陸言九月庚午遷。十月戊子，吳光	

道光八年戊子	
富俊	
色克精額十一月戊戌遷。那丹珠	
那丹珠十一月戊戌遷。寶興理藩	
那清安	
潘世恩	
惠顯二月癸未，多山左副都御	
普保	
李宗瀚正月甲子遷。二月癸未，楊	
吳光悅	

道光九年己丑	
富俊	
那丹珠二月庚午遷。壬申，福勒洪	
寶興九月己酉遷。常文理藩院右	
那清安	
潘世恩	
嵩惠	
普保八月己卯，鐵麟左副都御	
楊懌曾四月丙戌遷。六月丁卯，桂	
吳光悅十月甲申遷。韓文綺左副	

書。

御史。十月丙戊遷。潘世恩左都御史。

史。尋遷。保昌署。

御史。

悅左副都御史。

理藩院左侍郎。

院右侍郎。

史。九月己酉遷。十一月戊戌,嵩惠左副都御史。

懌曾左副都御史。

理藩院左侍郎。八月庚午,惠顯理藩院左侍郎。

侍郎。

史。

齡左副都御史。

都御史。

道光十年庚寅
富俊
惠顯七月丁丑遷。常文理藩院左侍郎。十一
常文七月丁丑遷。容照理藩院右侍郎。
那清安九月甲子憂。寶興署左都御史。那清
潘世恩九月戊寅遷。朱士彥左都御史。
嵩惠十一月癸未遷。十二月己丑，德興左副
鐵麟
桂齡十一月遷。十二月甲子，毛式郇左副都
韓文綺七月降。丙子，吳椿左副都御史。

道光十一年辛卯
富俊八月乙未遷。博啓圖理藩院尚書。
嵩惠八月壬寅遷。恆格理藩院左侍郎。
容照二月壬辰革。癸巳，惠顯理藩院右侍郎。
那清安十二月乙酉遷。昇寅左都御史。
朱士彥五月丙寅遷。白鎔左都御史。
德興
鐵麟正月丙子遷。二月己亥，普保左副都御
毛式郇
吳椿正月戊寅遷。二月己亥，何淩漢左副都

道光十二年壬辰
博啓圖
恆格九月甲寅遷。松筠署。十二月壬戌補。
奕紀二月壬辰遷。奎照理藩院右侍郎。九月
昇寅
白鎔
德興正月甲戌遷。二月癸未，文慶左副都御
額木順額八月壬辰，德春左副都御史。
毛式郇正月乙丑憂免。沈維鐈左副都御史。
劉彬士二月己丑遷。四月甲午，朱爲弼左副

月癸未遷。嵩惠理藩院左侍郎。

安尋回任。

都御史。

御史。

三月丁卯遷。色克精額兼署。十二月戊子,恩

史。八月壬寅遷。甲辰,德厚左副都御史。十月

御史。五月丙寅遷。姚祖同左副都御史。尋休。

丁未遷。奕紀理藩院右侍郎。丁卯遷。聯順理

史。十月戊辰遷。文蔚左副都御史。

都御史。

銘理藩院右侍郎。乙巳遷。奕紀署。

甲辰，降。十一月壬戌，額木順額左副都御史。

七月丙辰，蔣祥墀左副都御史。十月甲辰，降。十

藩院右侍郎。

道光十三年		
博啓圖	五月	
松筠	三月戊	
聯順	三月戊	
昇寅		
白鎔	四月己	
文蔚		
德春	五月癸	
朱爲弼	四月	

道光十四年		
禧恩		
聯順	八月癸	
賽尚阿	正月	
昇寅	七月丙	
史致儼	二月	
文蔚	八月癸	
奕澤	正月丁	
沈維鐈	十一	
潘錫恩		一月壬戌,劉彬士左副都御史。

道光十五年		
禧恩		
奕澤	二月己	
隆文	二月己	
恩銘	閏六月	
吳椿		
受慶	閏六月	
惟勤	閏六月	
毛式郇		
潘錫恩		

癸巳

丁酉遷。禧恩理藩院尚書。

戊遷。聯順理藩院左侍郎。

戊遷。賽尚阿理藩院右侍郎。

酉遷。湯金釗左都御史。十月辛酉遷。史致儼

酉遷。癸巳，奕澤左副都御史。

己酉遷。五月，龔守正左副都御史。六月遷。己

甲午

丑遷。奕澤理藩院左侍郎。

丁亥遷。奕澤理藩院右侍郎。八月癸丑遷。隆

子遷。敬徵左都御史。十一月壬申，恩銘左都

辛酉遷。何淩漢左都御史。十一月丁亥遷。吳

丑遷。九月甲戌，受慶左副都御史。

亥遷。二月辛亥，寶善左副都御史。七月丙子

月丁亥遷。十二月庚子，毛式郁左副都御史。

乙未

未遷。隆文理藩院左侍郎。

未遷。慶敏理藩院右侍郎。閏六月庚辰免。惟

遷。武忠額左都御史。

免。七月，容照左副都御史。九月丁未遷。十月

庚辰遷。甲申，溥治左副都御史。十二月丙子

左都御史。

未，潘錫恩左副都御史。

文理藩院右侍郎。
御史。
椿左都御史。

遷。八月辛亥，惟勤左副都御史。

勤理藩院右侍郎。九月庚戌降。吉倫泰理藩院

癸亥，功普左副都御史。
遷。

申丙年六十光道
尚院藩理額忠武遷。子庚月七恩禧
左院藩理泰倫吉遷。午丙月九文隆
右院藩理普功遷。午丙月九泰倫吉
御都左布音凱子，庚月七遷。額忠武
史。御都左昉宗李遷。戌戊月五椿吳
左琛琦卯，丁月十遷。午丙月九普功
史。御都副左辰，丙月三魁麟
郇式毛
振李申，戊月九遷。寅庚月八恩錫潘

酉丁年七十光道
尚院藩理額忠武遷。寅戊月五紀奕
泰倫吉
右院藩理和德文遷。子庚月正普功
史。御都左照奎遷。寅戊月五額忠武
都左恬秉卓憂。巳己月二十昉宗李
都副左誠德辰，戊降。丑乙月四琛琦
都副左燾善辰，戊遷。亥癸月四魁麟
郇式毛
慶瑋王申，庚遷。申戊月二十祜振李

戌戊年八十光道
藩理署阿尚賽丑，己降。月八額忠武
泰倫吉
和德文 郎。侍右
十史。御都左銘恩遷。丑己月八照奎
御都左之元姚遷。丑癸月五恬秉卓
左訓明亥，辛月四遷。卯乙月二琛琦
左剛成午，戊月九遷。丑己月八燾善
郇式毛
慶瑋王

書。十一月庚子遷。奕紀理藩院尚書。

侍郎。

侍郎。

史。九月己酉遷。敬徵左都御史。十一月戊戌

副都御史。

祜左副都御史。

書。

侍郎。

御史。

御史。十二月戊申，琦琛左副都御史。

御史。

左副都御史。

院尚書。十二月辛卯補。

月壬子遷。裕誠左都御史。十一月乙丑遷。隆

史。十二月乙未革。龔守正左都御史。

副都御史。閏四月乙亥遷。七月壬子，阿勒清

副都御史。十一月乙丑遷。十二月丁亥，明訓

道光十九年己亥	
賽尚阿	
吉倫泰	
文德和	
隆文三月乙卯遷。丙	回任。武忠額左都御史。
龔守正三月辛丑遷。	
阿勒清阿二月庚午	
明訓三月丙辰遷。武	
毛式郇十二月乙亥	
王瑋慶四月辛未遷。	

道光二十年庚子	
賽尚阿	
吉倫泰	
文德和十二月壬	
鐵麟十二月戊辰遷。	
祁寯藻二月丁卯遷。	
溥治四月戊辰，續	
惟勤正月戊戌遷。二	
祝慶蕃二月甲申，左	
帥承瀛	

道光二十一年辛丑	
賽尚阿五月己卯遷。	
吉倫泰	
慧成八月癸未遷。恩	
恩桂五月己卯遷。奕	文左都御史。
沈岐	
續齡	阿左副都御史。
隆勛	左副都御史。
祝慶蕃	
帥承瀛十二月己丑	

辰，鐵麟左都御史。

廖鴻荃左都御史。十二月戊子遷。祁寯藻左都

遷。三月丁巳，鄂爾端左副都御史。七月丁酉遷。

忠額左副都御史。丁巳休。惟勤左副都御史。

遷。

庚寅，帥承瀛左副都御史。

午，慧成理藩院右侍郎。

恩桂左都御史。

沈岐左都御史。

齡左副都御史。

月甲申，德厚左副都御史。六月丁卯遷。七月庚

副都御史。

恩桂理藩院尚書。

華理藩院右侍郎。

山左都御史。

病免。何汝霖左副都御史。

道光二十二年壬寅	
恩桂五月己未遷。吉	
吉倫泰五月己未遷。	
恩華九月庚戌遷。連	
奕山五月戊午革。己	
沈岐九月丁未乞養。	御史。
續齡	辛亥，溥治左副都御史。
隆勛	
何汝霖五月己未遷。	
祝慶蕃十一月庚戌	

道光二十三年癸卯	
吉倫泰	
恩華	
玉明	
奎照四月丁丑病免。	
李宗昉	
續齡七月革。博迪蘇	
隆勛正月乙丑休。二	寅，隆勛左副都御史。
趙光十二月遷。	
劉重麟	

道光二十四年甲辰	
吉倫泰	
恩華	
玉明	
特登額二月庚戌遷。	
李宗昉二月庚戌遷。	
花沙納二月遷。福濟	
廣林十一月遷。十二	
陳孚恩二月丁巳，左	
劉重麟五月壬戌，	

倫泰理藩院尚書。
禧恩署理藩院左侍郎。九月庚戌，恩華理藩院
貴理藩院右侍郎。十月丙申遷。玉明理藩院右
未，奎照左都御史。
李宗昉左都御史。

八月辛巳，趙光左副都御史。
遷。丙寅，劉重麟左副都御史。

特登額左都御史。

左副都御史。閏七月遷。十一月，花沙納左副都
月己卯，倭什訥左副都御史。四月遷。斌良左副

文慶左都御史。
杜受田左都御史。十二月戊申遷。祝慶蕃左都
左副都御史。八月遷。九月，和淳左副都御史。
月，廣昌左副都御史。
副都御史。
李菡左副都御史。

道光二	
吉倫泰	
恩華	左侍郎。
玉明	侍郎。
文慶二	
祝慶蕃	
和淳	
廣昌	
陳孚恩	
李菡	

道光二	
吉倫泰	
恩華	
玉明	
成剛	
魏元烺	
和淳	御史。
慶祺閏	都御史。閏七月遷。廣林左副都御史。
陳孚恩	
李菡	

道光二	
吉倫泰	
恩華	
玉明十	
成剛	
魏元烺	御史。
和淳	
靈桂四	
彭蘊章	
李菡	

十五年乙巳

月癸丑遷。成剛左都御史。
十月辛丑遷。魏元烺左都御史。

十月丙辰，慶祺左副都御史。

十六年丙午

五月戊戌遷。六月甲子，靈桂左副都御史。
十二月遷。乙丑，彭蘊章左副都御史。

十七年丁未

一月辛巳遷。奕毓理藩院右侍郎。

三月乙巳遷。賈楨左都御史。五月丙戌遷。孫瑞

月丁巳遷。五月庚辰，桂德左副都御史。十二月

道光二十八年戊申	
吉倫泰	
恩華二月遷。培成理藩院左侍	
奕毓	
成剛十二月乙丑遷。柏葰左都	
孫瑞珍	
和淳	
恆毓二月左副都御史。十二月	
彭蘊章八月丙寅遷。十月辛酉,	
李菡	

道光二十九年己酉	
吉倫泰	
培成六月辛卯,綿森理藩院	
奕毓	
柏葰	
孫瑞珍七月戊戌遷。王廣蔭左	
和淳	
書元二月丙辰,左副都御史。九	
黃贊湯七月己未遷。八月辛巳,	
李菡	

道光三十年庚戌	
吉倫泰	
綿森	
奕毓四月丙戌遷。和色本理藩	
柏葰三月癸巳遷。花沙納左都	
王廣蔭六月壬戌遷。甲子,季芝	珍左都御史。
和淳	
文瑞	遷。
程庭桂	
李菡	

郎。

御史。

遷。

黃贊湯左副都御史。

左侍郎。

都御史。

月乙巳遷。十月戊辰，文瑞左副都御史。

程庭桂左副都御史。

院右侍郎。

御史。

昌左都御史。

清史稿卷一百九十

表三十

部院大臣年表七上

	咸豐元年辛亥
吏部滿尚書	柏葰
吏部漢尚書	賈楨
戶部滿尚書	賽尚阿
戶部漢尚書	孫瑞珍
禮部滿尚書	惠豐八
禮部漢尚書	何汝霖
兵部滿尚書	裕誠正
兵部漢尚書	魏元烺
刑部滿尚書	阿勒清
刑部漢尚書	杜受田
工部滿尚書	特登額
工部漢尚書	王廣蔭
吏部滿左侍郎	瑞常
吏部漢左侍郎	侯桐
吏部滿右侍郎	明訓
吏部漢右侍郎	張芾
戶部滿左侍郎	阿靈阿
戶部漢左侍郎	朱鳳標
戶部滿右侍郎	書元二
戶部漢右侍郎	翁心存
禮部滿左侍郎	聯順
禮部漢左侍郎	吳鍾駿
禮部滿右侍郎	瑞麟
禮部漢右侍郎	曾國藩
兵部滿左侍郎	恩華
兵部漢左侍郎	孫葆元
兵部滿右侍郎	春佑
兵部漢右侍郎	趙光閏
刑部滿左侍郎	全慶
刑部漢左侍郎	周祖培
刑部滿右侍郎	恆春遷。
刑部漢右侍郎	黃贊湯
工部滿左侍郎	靈桂六
工部漢左侍郎	呂賢基
工部滿右侍郎	奕毓
工部漢右侍郎	彭蘊章

正月戊子遷。裕誠戶部尚書。

月戊辰卒。奕湘禮部尚書。

月戊子遷。特登額兵部尚書。

阿閏八月丁酉病免。恆春刑部尚書。

遷。五月乙巳，周祖培刑部尚書。

正月戊子遷。阿靈阿工部尚書。

十二月乙未卒。翁心存工部尚書。

正月戊子遷。舒興阿戶部左侍郎。十月癸卯

遷。五月乙巳，王慶雲戶部左侍郎。

月辛未遷。禧恩戶部右侍郎。十月甲辰遷。麟

十二月乙未遷。何桂清戶部右侍郎。

閏八月丙申乞養。趙光兵部左侍郎。

八月丙申遷。何桂清兵部右侍郎。十二月乙

五月乙巳，王植刑部左侍郎。

二月辛未，書元刑部右侍郎。

月丙午革。德興工部左侍郎。

正月己亥，工部左侍郎。

咸豐三年	
柏葰	
賈楨	
文慶	
孫瑞珍	
奕湘九月	
徐澤醇	
桂良九月	
魏元烺	
阿靈阿九	
周祖培五	
麟魁九月	
翁心存五	
瑞常	
邵燦十二	郎。
愛仁	郎。
沈兆霖	
全慶	郎。
王慶雲十	
青麐九月	
何桂清十	
聯順九月	
吳鍾駿七	
瑞麟九月	
萬青藜	
恩華三月	
趙光十二	
春佑	
許乃普三	部右侍郎。
德興五月	左侍郎。
李嘉端二	部左侍郎。
奕經十月	
許乃普三	
哈芬遷。五	郎。二月丙申調。哈芬工部左侍郎。
呂賢基十	
錫齡八	
彭蘊章十	

癸丑

丁未病免。麟魁禮部尚書。

丙午遷。丁未，阿靈阿兵部尚書。

月丁未遷。德興刑部尚書。
月辛酉降。翁心存刑部尚書。癸亥，許乃普刑部
丁未遷。花沙納工部尚書。
月辛酉遷。許乃普工部尚書。癸亥，翁心存工部

月乙未遷。周祖培吏部左侍郎。

十二月壬午，潘曾瑩吏部右侍郎。

一月壬寅遷。癸卯，羅惇衍戶部左侍郎。
丁未調。瑞麟戶部右侍郎。
一月癸卯遷。王茂蔭戶部右侍郎。
丁未遷。穆蔭禮部左侍郎。
月丙午病免。李維翰禮部左侍郎。十一月癸卯
丁未調。青麐禮部右侍郎。

壬子遷。癸丑，常志兵部左侍郎。
月丙申遷。彭蘊章兵部左侍郎。

月甲寅遷。孫銘恩兵部右侍郎。
辛酉遷。常志兼署刑部左侍郎。恆春刑部左侍
月癸未遷。甲申，羅惇衍刑部左侍郎。十一月癸
戊子卒。文瑞刑部右侍郎。
月甲寅，刑部右侍郎。五月辛酉，雷以誠刑部右
月辛酉，德興工部左侍郎。九月丁未遷，載齡工
一月己酉殉難。周祖培工部左侍郎。十二月乙
月甲午，玉明工部右侍郎。
二月丙申遷。龔文齡工部右侍郎。

尚書。

尚書。十二月丙申革。趙光工部尚書。

遷。何桂清禮部左侍郎。

郎。八月己丑遷。承芳刑部左侍郎。

卯遷。李維翰刑部左侍郎。十一月丁未遷。雷

侍郎。十一月丁未遷。李鈞刑部右侍郎。

部左侍郎。

未遷。杜翰工部左侍郎。

	咸豐四年甲寅
	柏葰十月丙辰免。花沙納
	賈楨十一月庚寅遷。翁心
	文慶
	孫瑞珍五月辛丑病免。朱
	麟魁
	徐澤醇
	阿靈阿
	魏元烺九月甲午卒。翁心
	德興
	許乃普二月己卯革。朱鳳
	花沙納十月丙辰遷。全慶
	趙光五月辛丑遷。彭蘊章
	瑞常
	周祖培二月己卯遷。翁心
	愛仁十月丙辰免。穆蔭吏
	潘曾瑩三月辛亥遷。何桂
	全慶閏七月乙亥遷。瑞麟
	羅惇衍
	瑞麟閏七月乙亥遷。熙麟
	王茂蔭三月辛亥遷。翁心
	穆蔭十月丙辰遷。肅順禮
	何桂清三月辛亥遷。彭蘊
	青麐二月甲午遷。文清禮
	萬青藜四月己丑遷。許乃
	常志
	彭蘊章三月辛亥遷。李菡
	春佑
	孫銘恩三月癸卯解任。李
	承芳
以諴刑部左侍郎。	雷以諴
	文瑞三月甲子病免。基溥
	李鈞三月辛亥，齊承彥
	載齡正月戊申調。培成工
	杜翰
	玉明正月丁未革。戊申，載
	龔文齡

吏部尚書。

存吏部尚書。

鳳標戶部尚書。

存兵部尚書。十一月庚寅遷。周祖培兵部尚書。

標刑部尚書。五月辛丑遷。趙光刑部尚書。

工部尚書。

工部尚書。

存吏部左侍郎。三月辛亥遷。潘曾瑩吏部左侍

部右侍郎。

清吏部右侍郎。四月乙酉遷。張祥河吏部右侍

戶部左侍郎。

戶部左侍郎。

存戶部右侍郎。九月甲午遷。許乃普戶部右侍

部左侍郎。

章禮部左侍郎。五月辛丑遷。許乃普禮部左侍

部右侍郎。

普禮部右侍郎。五月辛丑遷。陶樑禮部右侍郎。

兵部左侍郎。九月丁亥遷。何彤雲兵部左侍郎。

菡兵部右侍郎。三月辛亥遷。王茂蔭兵部右侍

刑部右侍郎。十二月乙巳革。載齡刑部右侍郎。

刑部右侍郎。

部左侍郎。四月癸巳革。肅順工部左侍郎。十月

齡工部右侍郎。

郎。四月己丑憂免。萬青藜吏部左侍郎。十月己

郎。十一月庚寅遷。卓櫄吏部右侍郎。

郎。十月遷。何彩雲戶部右侍郎。

郎。九月甲午遷。陶樑禮部左侍郎。

九月甲午遷。李道生禮部右侍郎。

十月己未遷。王茂蔭兵部左侍郎。

郎。十月己未遷。卓櫄兵部右侍郎。十一月庚寅

丙辰遷。國瑞工部左侍郎。十二月調。麟興工部

	咸豐五年乙卯
	花沙納
	翁心存
	文慶十二月甲辰遷。柏葰戶部
	朱鳳標
	麟魁十一月己卯遷。瑞麟禮部
	徐澤醇
	阿靈阿
	周祖培
	德興十一月己卯卒。魁麟刑部
	趙光
	全慶
	彭蘊章
	瑞常
未,許乃普代。	萬青藜
	穆蔭
	卓標九月癸亥憂免。匡源吏部
	瑞麟四月己未遷。載齡戶部左
	羅惇衍十月癸卯,朱嶟戶部
	熙麟
	何彩雲
	肅順十一月庚辰遷。文清禮部
	陶樑
	文清十一月庚辰遷。寶鋆禮部
	李道生正月丁亥休。杜翻禮部
	常志十月甲寅卒。載堪兵部左
	何彤雲
	春佑
遷。匡源代。	匡源九月癸亥遷。曾國藩兵部
	承芳
	雷以誠革。五月庚寅,譚廷襄刑
	載齡四月遷。己未,國瑞刑部右
	齊承彥
左侍郎。	麟興
	杜翰
	載齡四月己未遷。崇實工部右
	龔文齡正月甲申,廉兆綸工

咸豐	
花沙	
翁心	
柏葰	尙書。
朱鳳	
瑞麟	尙書。
徐澤	
阿靈	
周祖	
麟魁	尙書。
趙光	
全慶	
彭蘊	
瑞常	
張祥	
穆蔭	
匡源	右侍郎。
肅順	侍郎。十一月庚辰遷。肅順戶部左侍郎。
朱嶟	左侍郎。
熙麟	
何彩	
文淸	左侍郎。
陶樑	
寶鋆	右侍郎。
杜翮	右侍郎。
載堪	侍郎。
何彤	
春佑	
曾國	右侍郎。
承芳	
譚廷	部左侍郎。
國瑞	侍郎。
齊承	
麟興	
杜翰	
基溥	侍郎。六月辛亥免。基溥工部右侍郎。
廉兆	部右侍郎。

六年丙辰

納

存十一月癸酉遷。周祖培吏部尚書。

標十一月癸酉遷。翁心存戶部尚書。

醇

阿

培十一月癸酉遷。朱鳳標兵部尚書。

章十一月乙卯遷。許乃普工部尚書。

河正月丁丑病免。匡源吏部左侍郎。

正月丁丑遷。沈兆霖吏部右侍郎。十月丙申遷。

十一月乙卯遷。沈兆霖戶部左侍郎。

雲遷。十月丁酉，杜翻戶部右侍郎。

十二月丁亥病免。車克慎禮部左侍郎。

十月丁酉遷。車克慎禮部右侍郎。十二月丁亥

雲

藩

襄八月戊子遷。齊承彥刑部左侍郎。

彥八月戊子遷。李清鳳刑部右侍郎。

遷。十二月丙戌，崇綸工部左侍郎。

綸　十月丙申，沈兆霖工部右侍郎。十一月乙

咸豐七年丁巳		
花沙納		
周祖培		
柏葰		
翁心存		
瑞麟		
徐澤醇		
阿靈阿	正月丁卯卒。	
朱鳳標		
麟魁		
趙光		
全慶	正月戊辰，文	
許乃普		
瑞常	八月甲子遷。文	
匡源		
穆蔭		
張祥河		張祥河吏部右侍郎。
肅順	正月戊辰遷。基	
沈兆霖		
熙麟	二月戊申，寶	
杜翮		
文清	八月甲子遷。玉	
車克慎	閏五月乙	
寶鋆	二月戊申遷。愛	
楊式穀		遷。楊式穀禮部右侍郎。
載堪		
何彤雲	憂。王茂蔭兵	
春佑		
曾國藩	三月癸丑憂	
承芳	十月壬申，國	
齊承彥		
國瑞	十月壬申遷。孟	
李清鳳		
崇綸	二月壬子遷。德	
杜翰		
基溥	正月戊辰遷。景	
劉崑		卯遷。劉崑工部右侍郎。

咸豐八年	
花沙納	
周祖培	
柏葰九月	
翁心存九	
瑞麟九月	
徐澤醇十	
全慶	戊辰，全慶兵部尚書。
朱鳳標九	
麟魁十二	
趙光	
文彩	彩工部尚書。
許乃普	
文清	清吏部左侍郎。
匡源	
穆蔭十二	
張祥河十	
基溥	溥戶部左侍郎。
沈兆霖	
寶鋆	鋆戶部右侍郎。
杜翻五	
玉明六月	明禮部左侍郎。
孫葆元	未，孫葆元禮部左侍郎。
愛仁六月	仁禮部右侍郎。
楊式穀	
載堪	
王茂蔭七	部左侍郎。
春佑	
徐樹銘十	免。六月己巳，徐樹銘兵部右侍郎。
國瑞六月	瑞刑部左侍郎。
齊承彥	
孟保	保刑部右侍郎。
李清鳳八	
德全	全工部左侍郎。
杜翰九月	
景廉	廉工部右侍郎。
劉崑八月	

戊午

壬午遷。瑞麟戶部尚書。十二月庚午遷。肅順戶

月壬午遷。朱鳳標戶部尚書。

壬午遷。肅順禮部尚書。十二月庚午遷。麟魁禮

一月己卯卒。朱嶟禮部尚書。

月壬午遷。陳孚恩兵部尚書。

月庚午遷。瑞常刑部尚書。

月庚午遷。文祥吏部右侍郎。

一月庚辰遷。萬青藜吏部右侍郎。

月甲午，廉兆綸戶部右侍郎。八月庚戌遷。劉崑

辛酉遷。愛仁禮部左侍郎。

辛酉遷。文祥禮部右侍郎。十二月庚午遷。文惠

月丁丑病免。萬青藜兵部左侍郎。十一月庚辰

一月庚辰遷。李維翰兵部右侍郎。

乙丑降。靈桂刑部左侍郎。

月乙巳病免。黃贊湯刑部右侍郎。

辛巳憂。潘曾瑩工部左侍郎。

庚戌遷。宋晉工部右侍郎。

咸豐九年己未	
花沙納十二月壬寅	
周祖培二月乙卯遷。	
肅順	部尚書。
朱鳳標二月甲寅革。	
麟魁	部尚書。
朱嶟	
全慶十二月壬寅遷。	
陳孚恩	
瑞常	
趙光	
文彩	
許乃普五月甲午遷。	
文清十月壬戌，春	
匡源	
文祥十月壬戌遷。愛	
萬青藜	
基溥十月壬戌遷。成	
沈兆霖五月甲午遷。	
寶鋆	
劉崑	戶部右侍郎。
愛仁十月壬戌遷。文	
孫葆元	
文惠十月壬戌遷。伊	禮部右侍郎。
楊式穀	
載堪	
徐樹銘	遷。徐樹銘兵部左侍郎。
春佑十月壬戌遷。基	
李維翰	
靈桂	
齊承彥	
孟保二月甲辰察議。	
黃贊湯三月辛卯遷。	
德全十二月壬寅遷。	
潘曾瑩	
景廉二月甲辰遷。成	
宋晉	

卒。全慶吏部尚書。

賈楨吏部尚書。五月甲午，回大學士任。許乃

乙卯，周祖培戶部尚書。

穆蔭兵部尚書。

張祥河工部尚書。

佑吏部左侍郎。十二月壬寅遷。德全吏部左

仁吏部右侍郎。

琦戶部左侍郎。十一月調。文祥戶部左侍郎。

梁瀚戶部左侍郎。

惠禮部左侍郎。

精阿禮部右侍郎。

溥兵部右侍郎。

景廉刑部右侍郎。

張錫庚刑部右侍郎。

伊勒東阿工部左侍郎。

琦工部右侍郎。十月壬戌遷。文祥工部右侍

咸豐十年庚	
全慶	
許乃普九月	普吏部尙書。
肅順	
周祖培十二	
麟魁五月丁	
朱嶟	
穆蔭	
陳孚恩九月	
瑞常	
趙光	
文彩六月乙	
張祥河	
德全	侍郎。
匡源	
愛仁五月丁	
萬青藜九月	
成琦	
梁瀚	
寶鋆	
劉崑	
文惠	
孫葆元	
伊精阿	
楊式穀	
載堪	
徐樹銘	
基溥五月丁	
李維翰十月	
靈桂	
齊承彥	
景廉六月	
張錫庚	
伊勒東阿六	
潘曾瑩九	
國瑞	郎。十一月遷。國瑞工部右侍郎。
宋晉	

申

癸巳病免。陳孚恩吏部尚書。

月丙戌遷。沈兆霖戶部尚書。

酉降。綿森禮部尚書。六月乙亥遷。倭什琿布禮

癸巳遷。沈兆霖兵部尚書。十二月丙戌遷。朱鳳

亥病免。綿森工部尚書。

酉遷。基溥吏部右侍郎。

癸巳遷。黃宗漢吏部右侍郎。

酉遷。載崇兵部右侍郎。九月乙卯開缺。慶英兵

壬戌病免。畢道遠兵部右侍郎。

丙子，麟魁刑部右侍郎。

月乙亥遷。丙子，福濟工部左侍郎。

月壬寅，李菡工部左侍郎。

	咸豐十一年辛酉
	全慶
	陳孚恩 十月壬戌革。癸亥，朱鳳
	肅順 九月乙卯革。十月丙辰，瑞
	沈兆霖
部尚書。	倭什琿布
	朱嶟 十二月戊寅病免。祁寯藻
	穆蔭 十月辛酉革。壬戌，麟魁兵
標兵部尚書。	朱鳳標 十月癸亥遷。萬青藜兵
	瑞常 八月己丑遷。綿森刑部尚
	趙光
	綿森 八月己丑遷。瑞常工部尚
	張祥河 十二月庚午病免。王慶
	德全 十月丁亥遷。載齡吏部左
	匡源 十月壬戌革。李菡吏部左
	基溥
	黃宗漢 十月壬戌革。癸亥，孫葆
	成琦
	梁瀚
	寶鋆
	劉崑 十月壬戌革。癸亥，董恂戶
	文惠 十一月丙午病免。伊精阿
	孫葆元 十月癸亥遷。甲子，宜振
	伊精阿 十一月丙午遷。存誠禮
	楊式穀
	載堪 二月庚午，慶英兵部左
	徐樹銘
部右侍郎。	慶英 二月庚午遷。勝保兵部右
	畢道遠
	靈桂
	齊承彥
	麟魁 十月丙辰遷。載齡刑部右
	張錫庚
	福濟 正月丁酉遷。麟興工部左
	李菡 十月壬戌遷。癸亥，單懋謙
	國瑞
	宋晉

標吏部尚書。

常戶部尚書。

禮部尚書。

部尚書。

部尚書。

書。

書。十月丙辰遷。愛仁工部尚書。

雲工部尚書。

侍郎。

侍郎。

元吏部右侍郎。

部右侍郎。

禮部左侍郎。

禮部左侍郎。

部右侍郎。

侍郎。十一月壬子革。勝保兵部左侍郎。

侍郎。十一月壬子遷。聯康兵部右侍郎。

侍郎。丁亥遷。載崇刑部右侍郎。

侍郎。十月丁亥遷。崇綸工部左侍郎。

工部左侍郎。

清史稿卷一百九十一

表三十一

部院大臣年表七下

咸豐元年辛亥	
理藩院尚書	
理藩院左侍郎	
理藩院右侍郎	
都察院滿左都御史	
都察院漢左都御史	
都察院滿左副都御史	
都察院滿左副都御史	
都察院漢左副都御史	
都察院漢左副都御史	
咸豐二年壬子	
理藩院尚書	
理藩院左侍郎	
理藩院右侍郎	
都察院滿左都御史	
都察院漢左都御史	
都察院滿左副都御史	
都察院滿左副都御史	
都察院漢左副都御史	
都察院漢左副都御史	
咸豐三年癸丑	
理藩院尚書	
理藩院左侍郎	
理藩院右侍郎	
都察院滿左都御史	
都察院漢左都御史	
都察院滿左副都御史	
都察院滿左副都御史	
都察院漢左副都御史	
都察院漢左副都御史	

吉綸泰	
綿森	
和色本	
花沙納	
季芝昌	五月乙巳遷。朱鳳標左都御史。
和淳	
文瑞	
程庭桂	
李菡	

吉綸泰	
綿森	
和色本	十月丙午遷。培成理藩院右侍郎。
花沙納	
朱鳳標	
和淳	
文瑞	
程庭桂	九月己酉乞養。十一月辛未，羅惇衍左
李菡	

吉綸泰	三月壬子卒。恩華理藩院尚書。九月庚
綿森	
培成	
花沙納	九月丁未遷。聯順左都御史。
朱鳳標	
和淳	降。三月甲戌，戴齡左副都御史。九月丁未
文瑞	十月戊子遷。十二月丙子，文彩左副都御
羅惇衍	二月甲申遷。雷以誠左副都御史。五月
李菡	

副都御史。

戊革。癸丑，奕湘理藩院尚書。

遷。十一月辛亥，富興阿左副都御史。
史。
辛酉遷。周祖培左副都御史。十一月己酉遷。十

咸豐	
奕湘	
綿森	
培成	
聯順	
朱鳳	
富興	
文彩	
李菡	
齊承	

咸豐	
奕湘	
綿森	
伊勒	
聯順	
許乃	
富興	
雙福	
袁甲	
王履	

咸豐	
聯順	
愛仁	
伊勒	
文彩	
許乃	
聯奎	
雙福	
李清	二月乙酉,龔文齡左副都御史。丙申遷。
王履	

四年甲寅

正月戊申遷。伊勒東阿理藩院右侍郎。

標二月己卯遷。周祖培左都御史。十一月庚寅
阿
十月遷。柏葰左副都御史。十二月遷。
三月遷。五月庚戌，袁甲三左副都御史。
彥三月癸未，左副都御史。三月辛亥遷。四月辛

五年乙卯
九月乙丑遷。聯順理藩院尚書。
遷。五月乙亥，愛仁理藩院左侍郎。
東阿
九月乙丑遷。文彩左都御史。
普
阿正月丁亥休。三月丙子，基溥左副都御史。六
三月，左副都御史。
三四月革。五月乙亥，李清鳳左副都御史。
謙

六年丙辰

東阿
普十一月乙卯遷。朱嶟左都御史。
十月遷。十二月，訥爾濟左副都御史。

鳳八月戊子遷。九月戊寅，程庭桂左副都御史。
謙

咸豐	
聯順	
愛仁	
伊勒	
文彩	
朱嶟	遷。許乃普左都御史。
聯奎	
書元	
程庭	
王履	巳，王履謙左副都御史。

咸豐	
肅順	
伊勒	
靈桂	
瑞常	
朱嶟	
富廉	月辛亥遷。八月甲午，聯奎左副都御史。
書元	
程庭	
張錫	

咸豐	
穆蔭	
伊勒	
書元	
綿森	
張祥	
富廉	
成琦	
梁瀚	
張錫	

七年丁巳

七月甲申解任。乙酉，賡福理藩院尚書。八月甲

二月戊申遷。伊勒東阿理藩院左侍郎。

東阿二月戊申遷。孟保理藩院右侍郎。十月壬

正月戊辰遷。肅順左都御史。八月甲子遷。瑞常

四月己酉，富廉左副都御史。

四月，左副都御史。

桂

謙正月丙子免。四月己酉，張錫庚左副都御史。

八年戊午

九月壬午遷。瑞常理藩院尚書。十二月庚午遷。

東阿

六月乙丑遷。書元理藩院右侍郎。

九月壬午遷。綿森左都御史。

十一月己卯遷。庚辰，張祥河左都御史。

六月遷。九月甲午，成琦左副都御史。

桂十月免。十二月甲寅，梁瀚左副都御史。

庚

九年己未

十二月壬寅遷。春佑理藩院尚書。

東阿十二月壬寅遷。裕瑞理藩院左侍郎。

六月壬子遷。察杭阿理藩院右侍郎。

河五月甲午遷。沈兆霖左都御史。

二月甲辰遷。五月己丑，煜綸左副都御史。九月

五月甲午遷。十月甲辰，張芾左副都御史。

庚三月辛卯遷。五月己丑，錢寶清左副都御史。

咸豐十年	
春佑二月	子病免。肅順理藩院尚書。
裕瑞	
察杭阿	申遷。靈桂理藩院右侍郎。
綿森五月	左都御史。
沈兆霖九	
富廉	
聯康	
張芾。革五	
錢寶清閏	

咸豐十一	
伊勒東阿	穆蔭理藩院尚書。
裕瑞	
察杭阿	
愛仁十月	
萬青藜十	
富廉十月	
聯康十一	
王發桂二	
晏端書	

	戊子遷。聯康十一月，左副都御史。

庚申

己未遷。倭什琿布理藩院尚書。六月乙亥遷。伊

丁酉遷。愛仁左都御史。

月癸巳遷。萬青藜左都御史。

月甲寅，朱鳳標左副都御史。十二月丙戌遷。

三月卒。十二月庚申，晏端書左副都御史。

年辛酉

丙辰遷。麟魁左都御史。辛酉遷。倭仁左都御史。

月癸亥遷。甲子，王慶雲左都御史。十二月庚午

乙未革。志和十二月，左副都御史。

月遷。崇厚十二月，左副都御史。

月庚辰，左副都御史。

勒東阿理藩院尚書。

遷。羅惇衍左都御史。

清史稿卷一百九十二

表三十二

部院大臣年表八上

	同治元年壬戌
吏部滿尚書	全慶二
吏部漢尚書	朱鳳標
戶部滿尚書	瑞常二
戶部漢尚書	沈兆霖
禮部滿尚書	倭什琿
禮部漢尚書	祁寯藻
兵部滿尚書	麟魁正
兵部漢尚書	萬青藜
刑部滿尚書	綿森
刑部漢尚書	趙光
工部滿尚書	愛仁正
工部漢尚書	王慶雲
吏部滿左侍郎	載齡閏
吏部漢左侍郎	李菡三
吏部滿右侍郎	基溥閏
吏部漢右侍郎	孫葆元
戶部滿左侍郎	成琦正
戶部漢左侍郎	梁瀚
戶部滿右侍郎	寶鋆正
戶部漢右侍郎	董恂
禮部滿左侍郎	伊精阿
禮部漢左侍郎	宜振閏
禮部滿右侍郎	存誠
禮部漢右侍郎	楊式穀
兵部滿左侍郎	勝保十
兵部漢左侍郎	徐樹銘
兵部滿右侍郎	聯康正
兵部漢右侍郎	畢道遠
刑部滿左侍郎	靈桂
刑部漢左侍郎	齊承彥
刑部滿右侍郎	載崇閏
刑部漢右侍郎	張錫庚
工部滿左侍郎	崇綸七
工部漢左侍郎	單懋謙
工部滿右侍郎	國瑞
工部漢右侍郎	宋晉七

月庚申革。瑞常吏部尚書。

月庚申遷。辛酉,寶鋆戶部尚書。
七月庚子卒。羅惇衍戶部尚書。
布

月己亥卒。愛仁兵部尚書。

月己亥遷。倭仁工部尚書。閏八月丙申遷。文祥
三月庚子卒。李菡工部尚書。
八月丙申遷。基溥吏部左侍郎。
月庚子遷。楊式穀吏部左侍郎。六月庚午,張之
八月丙申遷。載崇吏部右侍郎。

月己亥遷。寶鋆戶部左侍郎。二月辛酉,皂保
閏八月甲午,沈桂芬戶部左侍郎。
月己亥遷。熙麟戶部右侍郎。七月庚子,崇綸

三月丙午遷。察杭阿禮部左侍郎。
八月甲午遷。毛昶熙禮部左侍郎。

三月庚子遷。張之萬禮部右侍郎。六月庚午遷。
一月乙丑革。丙寅,崇厚兵部左侍郎。
十一月甲寅乞養。黃倬兵部左侍郎。
月乙未遷。皂保兵部右侍郎。二月辛酉遷。察杭
正月丙午遷。丁未,彭玉麟兵部右侍郎。

八月丙申遷。恆祺刑部右侍郎。十一月乙卯遷。

月庚子遷。麒慶工部左侍郎。十一月乙卯遷。恆

月丙申遷。王茂蔭工部右侍郎。

工部尚書。

萬吏部左侍郎。

戶部左侍郎。

戶部右侍郎。

李棠階禮部右侍郎。七月庚子遷。毛昶熙禮部

阿兵部右侍郎。三月丙午，遷。伊精阿補。

阿克敦布刑部右侍郎。

祺工部左侍郎。

右侍郎。閏八月甲午遷。龐鍾璐禮部右侍郎。

同治二年癸亥

瑞常
朱鳳標
寶鋆
羅惇衍
倭什琿布
祁寯藻
愛仁 十二月戊子卒。載齡兵部尚書。
萬青藜
綿森
趙光
文祥
李菡 卒。二月,李棠階工部尚書。
基溥
張之萬 正月戊申遷。己酉,單懋謙吏部左侍
載崇
孫葆元 二月遷。王茂蔭吏部右侍郎,未任。龐
皂保
沈桂芬 十月辛丑遷。壬寅,吳廷棟署戶部左
崇綸
董恂
察杭阿
毛昶熙 五月辛未遷。龐鍾璐禮部左侍郎。
存誠 正月庚午遷。辛未,綿宜禮部右侍郎。
龐鍾璐 五月辛未遷。吳存義禮部右侍郎。十
崇厚 十二月戊子,毓祿署兵部左侍郎。
黃倬 二月乙酉遷。曹毓瑛兵部左侍郎。
伊精阿
彭玉麟
靈桂
齊承彥
阿克敦布 二月甲午革。恩麟刑部右侍郎。
張錫庚 四月賜卹。吳廷棟刑部右侍郎。
恆祺
單懋謙 正月己酉遷,曹毓瑛工部左侍郎。二
國瑞 遷。十月庚辰,全慶工部右侍郎。十二月
王茂蔭 二月乙酉遷。吳存義工部右侍郎。五

同治	
瑞常	
朱鳳	
寶鋆	
羅惇	
倭什	
祁寯	
載齡	
萬青	
綿森	
趙光	
文祥	
李棠	
基溥	
孫葆	郎。二月遷。孫葆元吏部左侍郎。
載崇	
毛昶	鍾璐署。五月辛未，毛昶熙吏部右侍郎。
皂保	
沈桂	侍郎。
崇綸	
董恂	
察杭	
龐鍾	
綿宜	
吳存	二月差。
崇厚	
曹毓	
伊精	
彭玉	
靈桂	
齊承	
恩麟	
吳廷	
恆祺	
黃倬	月乙酉遷。黃倬工部左侍郎。
和潤	戊子遷。和潤工部右侍郎。
薛煥	月辛未遷。薛煥工部右侍郎。

三年甲子

標

衍

瑋布

藻七月癸亥假。李棠階禮部尚書。六月,單懋謙

藜

階遷。七月癸亥,單懋謙工部尚書。

元正月乙丑休。丙寅,毛昶熙吏部左侍郎,未任。

熙正月丙寅遷,吳存義吏部右侍郎。

芬七月庚戌遷,吳廷棟戶部左侍郎,

阿

璐

義正月丙寅遷。王發桂禮部右侍郎,七月癸亥

瑛

阿

麟

彥七月癸亥遷。王發桂刑部左侍郎。

棟七月庚戌遷。譚廷襄刑部右侍郎。

八月癸酉病免。毓祿工部右侍郎。

四月丁亥,宜振工部右侍郎。

同治四年	
瑞常	
朱鳳標	
寶鋆	
羅惇衍	
倭什琿布	
李棠階十	署。
載齡	
萬青藜十	
綿森	
趙光二月	
文祥	
單懋謙	
基溥	
毛昶熙	龐鍾璐兼署。
載崇	
吳存義	
皂保	
吳廷棟十	
崇綸	
董恂十一	
察杭阿	
龐鍾璐	
綿宜	
汪元方十	遷。汪元方禮部右侍郎。溫葆深署。
崇厚	
曹毓瑛二	
伊精阿	
彭玉麟	
靈桂	
王發桂	
恩麟	
譚廷襄十	
恆祺	
黃倬	
毓祿	
宜振十	

同治五年	乙丑
瑞常二月	
朱鳳標	
寶鋆	
羅惇衍	
倭什琿布	
萬青藜	一月壬申卒。萬青藜禮部尙書。
載齡	
曹毓瑛三	一月壬申遷。曹毓瑛兵部尙書。
綿森	
齊承彥	丁亥卒。戊子。齊承彥刑部尙書。
文祥二月	
單懋謙	
基溥	
毛昶熙	
載崇	
吳存義	
皂保	
汪元方三	一月乙丑遷。汪元方戶部左侍郎。
崇綸	
鄭敦謹三	月壬申遷，鄭敦謹戶部右侍郎。
察杭阿	
龐鍾璐	
綿宜	
宜振病免。	一月乙丑遷，宜振禮部右侍郎。
崇厚	
畢道遠七	月戊子遷，畢道遠兵部左侍郎。
伊精阿	
彭玉麟	
靈桂十二	
王發桂三	
恩齡十二	
吳廷棟二	一月乙丑遷。吳廷棟刑部右侍郎。
恆祺十二	
黃倬	
毓祿十二	
譚廷襄三	一月乙丑，譚廷襄工部右侍郎。

丙寅

乙巳遷。文祥吏部尚書。

卒。十二月癸丑，全慶禮部尚書。

月丙戌卒。董恂兵部尚書。

乙巳遷。瑞常工部尚書。

月丙戌遷。譚廷襄戶部左侍郎。

月丙寅遷。李鴻藻戶部右侍郎。七月乙丑憂。

二月癸丑，李鴻藻禮部右侍郎。三月丙寅遷。

月丙寅遷。胡家玉兵部左侍郎。

月癸丑遷。恩齡刑部左侍郎。

月丙戌遷。鄭敦謹刑部左侍郎。

月癸丑遷。英元刑部右侍郎。

月丙寅病免。鄭敦謹刑部右侍郎。三月丙戌

月卒。癸丑，毓祿工部左侍郎。

月癸丑遷。魁齡工部右侍郎。

月丙戌遷。王發桂工部右侍郎。十二月己酉

同治六年丁卯	
文祥	
朱鳳標	
寶鋆	
羅惇衍	
全慶	
萬青藜	
載齡	
董恂	
綿森	
齊承彥十二月辛	
瑞常	
單懋謙	
基溥四月丁亥卒。	
毛昶熙十月癸巳	
載崇	
吳存義十月癸巳	
皂保四月丁亥遷。	
譚廷襄十月癸巳	
崇綸四月丁亥遷。	
畢道遠	丙寅,畢道遠戶部右侍郎。
察杭阿	
龐鍾璐	
綿宜	
賀壽慈十二月辛	賀壽慈禮部右侍郎。
崇厚	
胡家玉	
伊精阿	
彭玉麟	
恩齡	
鄭敦謹十二月辛	
英元	
桑春榮	遷。桑春榮刑部右侍郎。
毓祿病免。四月丁	
黃倬	
魁齡四月丁酉遷。	
潘祖蔭	病免。潘祖蔭工部右侍郎。

同治七年戊辰	
文祥	
朱鳳標三月丙子	
寶鋆	
羅惇衍	
全慶	
萬青藜	
載齡	
董恂	
綿森六月己酉卒。	
譚廷襄	卯卒。譚廷襄刑部尚書。
瑞常六月己酉遷。	
單懋謙三月丙子	
皂保	皂保吏部左侍郎。
吳存義七月丙戌	遷。吳存義吏部左侍郎。
載崇	
胡肇智	遷。胡肇智吏部右侍郎。
崇綸六月己酉遷。	崇綸戶部左侍郎。
毛昶熙三月丙子	遷。毛昶熙戶部左侍郎。
延煦	延煦戶部右侍郎。
畢道遠閏四月癸	
察杭阿	
龐鍾璐七月丙戌	
綿宜	
沈桂芬三月丙子	卯遷。沈桂芬禮部右侍郎。
崇厚	
胡家玉	
伊精阿	
彭玉麟	
恩齡	
賀壽慈	卯遷。賀壽慈刑部左侍郎。
英元	
桑春榮	
魁齡六月己酉遷。	酉，魁齡工部左侍郎。
黃倬七月丙戌遷。	
恩承六月己酉遷。	恩承工部右侍郎。
潘祖蔭遷。四月癸	

遷，單懋謙吏部尚書。

瑞常刑部尚書。

存誠工部尚書。

遷。鄭敦謹工部尚書。

病免。沈桂芬吏部左侍郎。

魁齡戶部左侍郎。

遷。沈桂芬戶部左侍郎。七月丙戌遷。龐鍾璐

酉遷。潘祖蔭戶部右侍郎。

遷。殷兆鏞禮部左侍郎。

遷。殷兆鏞禮部右侍郎。七月丙戌遷。杜聯禮

恩承工部左侍郎。

鮑源深工部左侍郎。

明善工部右侍郎。

酉，鮑源深工部右侍郎。七月丙戌遷。石贊清

戶部左侍郎。

部右侍郎。八月戊申病免。溫葆深禮部右侍郎。

工部右侍郎。

同治八年己巳	
文祥	
單懋謙	
寶鋆	
羅惇衍	憂免。六月辛酉，董恂戶部尚書。
全慶	
萬青藜	
載齡	
董恂	六月辛酉，遷。鄭敦謹兵部尚書。
瑞常	
譚廷襄	
存誠	
鄭敦謹	六月辛酉，遷。毛昶熙工部尚書。
皂保	
沈桂芬	六月辛酉，遷。胡肇智吏部左侍郎。
載崇	
胡肇智	六月辛酉，遷。龐鍾璐吏部右侍郎。
魁齡	
龐鍾璐	六月辛酉，遷。潘祖蔭戶部左侍郎。
延煦	
潘祖蔭	六月辛酉，遷。李鴻藻戶部右侍郎。
察杭阿	
殷兆鏞	
綿宜	八月辛丑，遷。志和禮部右侍郎。乙卯，遷。
溫葆深	
崇厚	
胡家玉	
伊精阿	十二月辛丑，卒。壬寅，寶珣兵部右侍
黃倬	
恩齡	八月甲寅，免。乙卯，志和刑部左侍郎。
賀壽慈	
英元	
桑春榮	
恩承	
鮑源深	
明善	
石贊清	八月癸亥，病免。閻敬銘工部右侍郎。

同治九年	
文祥	
單懋謙	
寶鋆	
董恂	
全慶	
萬青藜	
載齡	
鄭敦謹四	
瑞常	
譚廷襄四	
存誠	
毛昶熙	
皂保	
胡肇智	
載崇	
龐鍾璐四	
魁麟	
潘祖蔭	
延煦	
李鴻藻	
察杭阿	
殷兆鏞	
桂清	桂清禮部右侍郎。
溫葆深	
崇厚	
胡家玉	
寶珣	郎。
黃倬	
志和	
賀壽慈	
英元遷。正	
桑春榮	
恩承	
鮑源深	
明善	
石贊清	十月乙卯乞休。童華工部右侍郎。

庚午	同治十年辛
	文祥
	單懋謙
	寶鋆
	董恂
	全慶二月庚
	萬青藜
	載齡
月甲辰遷。沈桂芬兵部尚書。	沈桂芬
	瑞常二月戊
月甲辰卒。鄭敦謹刑部尚書。	鄭敦謹七月
	存誠二月庚
	毛昶熙
	皂保二月庚
	胡肇智五月
	載崇
月甲辰遷。彭久餘吏部右侍郎。	彭久餘
	魁齡二月庚
	潘祖蔭
	延煦二月庚
	李鴻藻七月
	察杭阿
	殷兆鏞五月
	桂清二月庚
	溫葆深五月
	崇厚
	胡家玉五月
	寶珣
	黃倬五月癸
	志和
	賀壽慈
月癸未，達慶刑部右侍郎。	達慶卒。六月
	桑春榮
	恩承二月庚
	鮑源深五月
	明善二月庚
	石贊清五

未

寅遷。存誠禮部尚書。

子遷。庚寅，全慶刑部尚書。

乙卯病免。龐鍾璐刑部尚書。

寅遷。崇綸工部尚書。

寅遷。魁麟吏部左侍郎。

癸丑病免。胡家玉吏部左侍郎。

寅遷。延煦戶部左侍郎。

寅遷。桂清戶部右侍郎。

乙卯遷。鮑源深戶部右侍郎。九月甲午遷。乙未，

乙巳回籍。溫葆深禮部左侍郎。九月乙未遷。黃

寅遷。恩承禮部右侍郎。

乙巳遷。邵亨豫禮部右侍郎。八月辛巳遷。胡瑞

癸丑遷。黃倬兵部左侍郎。九月乙未遷。胡瑞瀾

丑遷。鮑源深兵部右侍郎。七月乙卯遷。夏同善

壬午，常恩刑部右侍郎。

寅遷。明善工部左侍郎。

癸丑遷。童華工部左侍郎。

寅遷。榮祿工部右侍郎。

月癸丑，錢寶廉工部右侍郎。

溫葆深戶部右侍郎。

倬禮部左侍郎。

瀾禮部右侍郎。九月乙未遷。徐桐禮部右侍郎。

兵部左侍郎。

兵部右侍郎。

同治十一年壬申

文祥 六月甲子遷。寶鋆吏部尚書。

單懋謙 八月庚申遷。毛昶熙吏部尚書。

寶鋆 六月甲子遷。載齡戶部尚書。

董恂

存誠 七月己亥卒。靈桂禮部尚書。

萬青藜

載齡 六月甲子遷。英桂兵部尚書。

沈桂芬

全慶

龐鍾璐 八月壬戌，桑春榮刑部尚書。

崇綸

毛昶熙 八月庚申遷。李鴻藻工部尚書。

魁麟

胡家玉 八月壬戌遷。彭久餘吏部左侍郎。

載崇

彭久餘 八月壬戌遷、童華吏部右侍郎。

延煦 七月己亥遷。志和戶部左侍郎。

潘祖蔭

桂清

溫葆深

察杭阿

黃倬

恩承 七月己亥遷、綿宜禮部右侍郎。

徐桐

崇厚

胡瑞瀾

寶珣

夏同善

志和 七月己亥遷。恩承刑部左侍郎。

賀壽慈

常恩

桑春榮 八月庚申遷。錢寶廉刑部右侍郎。

明善

童華 八月壬戌遷。何廷謙工部左侍郎。

榮祿

錢寶廉 八月庚申遷。宜振工部右侍郎。

同治十二年癸酉	
寶鋆	
毛昶熙	
載齡	
董恂	
靈桂	
萬青藜	
英桂	
沈桂芬	
全慶	十二月戊子降。崇實刑部尚書。
桑春榮	
崇綸	
李鴻藻	
魁麟	
彭久餘	
載崇	
童華	十二月戊子降。殷兆鏞吏部右侍郎。
志和	四月辛未遷。榮祿戶部左侍郎。
潘祖蔭	十二月戊子降。宋晉戶部左侍郎。
桂清	十一月丙辰遷。己未，崇綺戶部右侍郎。
溫葆深	
察杭阿	
黃倬	
綿宜	
徐桐	
崇厚	
胡瑞瀾	
寶珣	七月甲戌病免。恩齡兵部右侍郎。
夏同善	
恩承	
賀壽慈	十二月戊子遷。劉有銘刑部左侍郎。
常恩	正月壬辰病免。廣壽刑部右侍郎。
錢寶廉	
明善	
何廷謙	
榮祿	四月辛未遷。訥仁工部右侍郎。
宜振	

同治十三年甲戌

寶鋆 八月癸酉遷。英桂吏部尚書。

毛昶熙

載齡

董恂

靈桂

萬青藜

英桂 八月癸酉遷。寶鋆兵部尚書。十一月己酉

沈桂芬

崇實

桑春榮

崇綸

李鴻藻

魁齡 十一月庚戌遷。恩承吏部左侍郎。

彭久餘

載崇 八月甲戌遷。崇綺吏部右侍郎。

殷兆鏞

榮祿

宋晉 九月癸亥卒。袁保恆戶部左侍郎。

崇綺 八月甲戌遷。慶陞戶部右侍郎。

溫葆深

察杭阿

黃倬

綿宜

徐桐

崇厚

胡瑞瀾

恩齡

夏同善

恩承 十一月庚戌遷。紹祺刑部左侍郎。

劉有銘 正月己巳革。庚午，黃鈺刑部左侍郎。

廣壽 八月癸酉遷。甲戌，載崇刑部右侍郎。

錢寶廉

明善 十二月卒。辛卯，成林工部左侍郎。

何廷謙

訥仁

宜振

遷。庚戌，廣壽兵部尚書。

清史稿卷一百九十三

表三十三

部院大臣年表八下

同治元年壬戌
理藩院尚書
理藩院左侍郎
理藩院右侍郎
都察院滿左都御史
都察院漢左都御史
都察院滿左副都御史
都察院滿左副都御史
都察院漢左副都御史
都察院漢左副都御史
同治二年癸亥
理藩院尚書
理藩院左侍郎
理藩院右侍郎
都察院滿左都御史
都察院漢左都御史
都察院滿左副都御史
都察院滿左副都御史
都察院漢左副都御史
都察院漢左副都御史
同治三年甲子
理藩院尚書
理藩院左侍郎。
理藩院右侍郎。
都察院滿左都御史
都察院漢左都御史
都察院滿左副都御史
都察院滿左副都御史
都察院漢左副都御史
都察院漢左副都御史

伊勒東阿	
裕瑞	
察杭阿	二月辛酉遷。增慶理藩院右侍郎。閏
倭仁	正月己亥遷。文祥左都御史。閏八月丙
羅惇衍	七月庚子遷。李棠階左都御史。
志和	十一月遷。鍾岱代。三月乙未，阿克敦布
崇厚	二月遷。阿克敦布三月代。十二月戊子，
王發桂	
晏端書	差。四月癸亥，王茂蔭署左副都御史。

伊勒東阿	遷。正月庚午，存誠理藩院尚書。
裕瑞	
慶明	遷。六月丙申，額勒和布理藩院右侍郎。
載齡	十二月戊子遷。全慶左都御史。
李棠階	遷。二月乙酉，單懋謙左都御史。
鍾岱	五月，桂清署左副都御史。
景霖	
王發桂	
晏端書	

存誠	
裕瑞	
額勒和布	
全慶	
單懋謙	七月癸亥遷。齊承彥左副都御史。
鍾岱	七月庚戌遷。八月十三，恆恩左副都御
景霖	
王發桂	正月丙寅遷，丁卯，汪元方左副都御
晏端書	三月辛酉，潘祖蔭左副都御史。四

八月丙申,慶明理藩院右侍郎。

申。遷載齡左都御史。

左副都御史。十一月乙卯遷。丁卯,鍾岱左副都

景霖左副都御史。

史。

史。九月丙午,賀壽慈左副都御史。

月,賀壽慈署左副都御史。

御史。

同治四年乙丑
存誠
裕瑞
額勒和布 九月戊寅遷。己卯,英元理藩
全慶
齊承彥 二月戊子遷。曹毓瑛左都御史。
恆恩
景霖 十月甲寅遷。十二月甲辰,達慶左
賀壽慈
潘祖蔭

同治五年丙寅
存誠
裕瑞 五月遷。丙子,英元理藩院左侍郎。
英元 五月丙子遷。魁齡理藩院右侍郎。
全慶 十二月癸丑遷。靈桂左都御史。
董恂 三月丙戌遷。汪元方左都御史。
恆恩 十一月卒。十二月,繼格左副都御
達慶
賀壽慈 二月丙寅遷。三月丙戌,胡家玉
潘祖蔭 二月己酉遷。

同治六年丁卯
存誠
恩承 四月丁酉遷。載齡理藩院左侍郎。
奕慶
靈桂
汪元方 十月癸巳卒。譚廷襄左都御史。
繼格
達慶
鮑源深
溫葆深 二月戊子,左副都御史。

院右侍郎。

十一月壬申遷。董恂左都御史。

副都御史。

十二月癸丑遷。恩承補。

十二月癸丑遷。奕慶理藩院右侍郎。

史。

左副都御史。七月丙寅遷。八月乙未，鮑源深左

十二月辛卯遷。鄭敦謹左都御史。

同治七年戊辰	
存誠 六月己酉遷。崇綸理藩院尚	
載齡	
奕慶	
靈桂	
鄭敦謹 三月丙子遷。毛昶熙左都	
繼格	
達慶	
鮑源深 四月癸酉遷。六月癸丑，石	
溫葆深 八月戊申遷。九月己卯，鄭	
同治八年己巳	
崇綸	
載齡	
奕慶 八月乙卯，廣壽理藩院右	
靈桂	
毛昶熙 六月辛酉遷。沈桂芬左都	
繼格	
達慶	
童華 十月乙丑遷。彭久餘左都副	副都御史。
鄭錫瀛 十二月丁未，胡瑞瀾左	
同治九年庚午	
崇綸	
載齡	
廣壽	
靈桂	
沈桂芬 四月甲辰遷。龐鍾璐左都	
繼格	
達慶 正月癸未遷。三月庚午，恩興	
彭久餘 四月甲辰遷。劉有銘左副	
胡瑞瀾	

書。

御史。

贊　清　左副都御史。七月丙戌遷。八月丁卯，童

錫　瀛　左副都御史。

侍郎。

御史。

御史。

副都御史。

御史。

左副都御史。

都御史。

	同治十年辛未
	崇綸 二月庚寅遷。靈桂理藩
	載鶩
	廣壽
	靈桂 二月庚寅遷。皁保左都
	龐鍾璐 七月乙卯遷。李鴻藻
	繼格
	恩興
華左副都御史。	劉有銘
	胡瑞瀾 八月辛巳遷。十月乙

	同治十一年壬申
	靈桂 七月己亥遷。皁保理藩
	載鶩
	廣壽
	皁保 七月己亥遷。英元左都
	李鴻藻 八月庚申遷。桑春榮
	繼格 七月遷。八月乙丑,恩齡
	恩興
	劉有銘
	唐壬森

	同治十二年癸酉
	皁保
	載鶩
	廣壽 正月壬辰遷。成林理藩
	英元
	胡家玉 十二月戊子降。賀壽
	恩齡 七月甲戌遷。八月戊戌,
	恩興
	劉有銘 十二月戊子遷。
	唐壬森

同治十
皂保 院尚書。
載鷟九
成林九
英元八 御史。
賀壽慈 左都御史。
蘇勒布
恩興
童華二
唐壬森 丑，唐壬森左副都御史。

院尚書。

御史。
左都御史。壬戊遷。胡家玉左都御史。
左副都御史。

院右侍郎。

慈左都御史。
蘇勒布左副都御史。

三年甲戌

月壬戌病免。癸亥，成林理藩院左侍郎。十二月

月癸亥遷。蘇勒布理藩院右侍郎。

月癸酉卒。廣壽左都御史。十一月庚戌遷。魁麟

九月癸亥遷。十一月己酉，惠林左副都御史。

月左副都御史。

辛卯，遷。德椿理藩院左侍郎。

左都御史。

清史稿卷一百九十四

表三十四

部院大臣年表九上

	光緒元年乙亥
吏部滿尚書	英桂
吏部漢尚書	毛昶熙
戶部滿尚書	載齡
戶部漢尚書	董恂
禮部滿尚書	靈桂
禮部漢尚書	萬青藜
兵部滿尚書	廣壽
兵部漢尚書	沈桂芬
刑部滿尚書	崇實
刑部漢尚書	桑春榮
工部滿尚書	崇綸
工部漢尚書	李鴻藻
吏部滿左侍郎	恩承
吏部漢左侍郎	彭久餘
吏部滿右侍郎	崇綺
吏部漢右侍郎	殷兆鏞
戶部滿左侍郎	榮祿
戶部漢左侍郎	袁保恆
戶部滿右侍郎	慶陞
戶部漢右侍郎	溫葆深
禮部滿左侍郎	察杭阿
禮部漢左侍郎	黃倬
禮部滿右侍郎	綿宜
禮部漢右侍郎	徐桐
兵部滿左侍郎	崇厚
兵部漢左侍郎	胡瑞瀾
兵部滿右侍郎	恩齡
兵部漢右侍郎	夏同善
刑部滿左侍郎	紹祺
刑部漢左侍郎	黃鈺
刑部滿右侍郎	載崇
刑部漢右侍郎	錢寶廉
工部滿左侍郎	成林
工部漢左侍郎	何廷謙
工部滿右侍郎	訥仁
工部漢右侍郎	宜振

光	
英	
毛	
載	
董	
靈	
萬	
廣	
沈	
崇	月，赴奉天。靈桂署刑部尚書。
桑	
魁	月己亥，卒。魁齡工部尚書。
李	
恩	
彭	
崇	
殷	
榮	
袁	
慶	
溫	
察	
黃	
綿	
徐	
崇	
胡	未任。十一月丁酉，郭嵩燾署兵部左侍郎。
恩	
夏	
紹	
黃	
載	
錢	
成	
何	
桂	二月壬申，桂清工部右侍郎。
宜	

緒	二年丙子
桂	
昶	熙
齡	
恂	
桂	
青	藜
壽	
桂	芬
寶	十月癸丑卒。甲寅，皂保刑部尚書。
春	棨
齡	
鴻	藻
承	
久	餘
綺	
兆	鏞 四月己巳遷，徐桐吏部右侍郎。
祿	
保	恆 四月己巳遷。殷兆鏞戶部左侍郎。
陞	
葆	深 正月甲寅病免乙卯翁同龢戶部右侍郎，
杭	阿 十月甲寅遷。綿宜禮部左侍郎。
倬	
宜	十月甲寅遷，全慶禮部右侍郎。
桐	四月己巳遷。潘祖蔭禮部右侍郎，
厚	十月赴奉天。長敍署兵部左侍郎，
瑞	瀾 郭嵩燾七月出使，童華署，
齡	三月己亥遷，烏拉喜崇阿兵部右侍郎。
同	善
祺	
鈺	四月開缺，袁保恆刑部左侍郎。
崇	三月戊戌卒。己亥，恩齡刑部右侍郎。十一月
寶	廉
林	
廷	謙
清	十月甲寅遷，德椿工部右侍郎。
振	

光緒三年丁丑		
英桂	正月癸亥遷。	
毛昶熙		
載齡	正月癸亥遷。	
董恂		
靈桂		
萬青藜		
廣壽		
沈桂芬		
皂保		
桑春榮		
魁齡	正月癸亥遷。	
李鴻藻	九月丙寅	
恩承		
彭久餘		
崇綺		
徐桐	九月丙寅遷。	
榮祿		
殷兆鏞		
慶陞		
翁同龢		
綿宜		
黃倬		
全慶	正月癸亥遷。	
潘祖蔭		
崇厚		
胡瑞瀾	二月革。辛	
烏拉喜崇阿		
夏同善		
紹祺	遷。十一月丙	
袁保恆		
麟書	十一月遷。庚	乙未卒。麟書刑部右侍郎。
錢寶廉		
成林		
何廷謙		
德椿		
宜振		

載齡吏部尚書。

魁齡戶部尚書。

景廉工部尚書。

憂。賀壽慈工部尚書。

童華吏部右侍郎。

長敍禮部右侍郎。十一月庚申遷。志和禮部右

卯，郭嵩燾兵部左侍郎。

辰，麟書刑部左侍郎。

申，長敍刑部右侍郎。

光緒四年戊寅

載齡 五月辛亥遷。靈桂吏部尚書。
毛昶熙 五月戊辰憂免。萬青藜吏部尚
魁齡 五月癸亥病免。景廉戶部尚書。
董恂
靈桂 五月辛亥遷。恩承禮部尚書。
萬青藜 五月戊辰遷。徐桐禮部尚書。
廣壽
沈桂芬
皂保 三月癸亥開缺。全慶刑部尚書。十
桑春榮
景廉 五月癸亥遷。榮祿工部尚書。十二
賀壽慈
恩承 三月癸亥遷。崇厚吏部左侍郎。未
彭久餘 七月癸卯病免。童華吏部左侍
崇綺 十二月癸卯遷。成林吏部右侍郎。
童華 七月癸卯遷。黃倬吏部右侍郎。
榮祿遷。五月辛亥，志和戶部左侍郎。
殷兆鏞
慶陞 二月己亥病免。麟書戶部右侍郎。
翁同龢 五月戊辰遷。潘祖蔭戶部右侍
綿宜 五月辛亥遷。奎潤禮部左侍郎。
黃倬遷。四月癸巳，王文韶禮部左侍郎。
侍郎。
志和 二月己亥遷。崑岡禮部右侍郎。
馮譽驥 七月癸卯遷。龔自閎禮部右侍
崇厚 三月癸亥遷。崑岡兵部左侍郎。
郭嵩燾 童華署。
烏拉喜崇阿
夏同善
麟書 二月己亥遷。志和刑部左侍郎。五
袁保恆 四月壬辰卒。癸巳，黃倬刑部右
長敍
錢寶廉
成林 十二月癸卯遷。文徵工部左侍郎。
何廷謙 十二月己丑病免。孫詒經工部
德椿
宜振

光	
靈	
萬	書。
景	
董	
恩	
徐	
廣	
沈	
文	二月癸卯遷。文煜刑部尚書。
桑	
全	月癸卯免。全慶工部尚書。
賀	
崇	任。成林兼署。十二月癸卯，崇厚遷。崇綺補。
童	郎。
成	
黄	
志	
殷	
麟	
潘	郎。
奎	
王	
崑	
龔	郎。
崑	
郭	
烏	
夏	
繼	月辛亥遷、繼格刑部左侍郎。
馮	侍郎。七月癸卯遷。馮譽驥刑部右侍郎。
長	
錢	
文	
孫	左侍郎。
德	
宜	

緒五年己卯
桂
青　藜
廉
恂
承
桐
壽
桂　芬
煜
春　榮正月庚午病休。翁同龢刑部尚書。四月壬
慶
壽　慈三月庚戌降。乙卯，潘祖蔭工部尚書。四月
綺　五月癸巳遷。甲午，成林吏部左侍郎。八月乙
華　三月乙卯遷。黃倬吏部左侍郎。
林　五月甲午遷。志和吏部右侍郎。八月乙卯遷。
倬　三月乙卯遷。夏同善吏部右侍郎。
和　五月甲午遷。麟書戶部左侍郎。十一月壬辰
兆　鏞正月戊辰遷。潘祖蔭戶部左侍郎。庚午遷。
書　五月甲午遷。崑岡戶部右侍郎。十一月壬辰
祖　蔭正月戊辰遷。宜振戶部右侍郎。
潤　五月甲午遷。松森禮部左侍郎。
文　韶正月庚午遷。祁世長禮部左侍郎。四月壬
岡　五月甲午遷。全桂禮部右侍郎。
自　閎正月戊辰遷。殷兆鏞禮部右侍郎。
岡　五月甲午遷。奎潤兵部左侍郎。
嵩　燾免。七月癸未，許應騤兵部左侍郎。未任。王
拉　喜崇阿八月乙卯遷。恩麟兵部右侍郎。
同　善三月乙卯遷。朱智兵部右侍郎。
格　二月癸未遷。長敍刑部左侍郎。十一月壬辰
譽　驥八月庚午遷。錢寶廉刑部左侍郎。
敍　二月癸未遷。啓秀刑部右侍郎。六月甲辰遷。
寶　廉八月庚午遷。薛允升刑部右侍郎。
澂　六月甲辰遷。師曾工部左侍郎。
詒　經
椿　正月戊辰休。啓秀工部右侍郎。八月癸未遷。
振　遷。正月戊辰，龔自閎工部右侍郎。四月卒。庚

申遷。潘祖蔭刑部尚書。

壬申遷。翁同龢工部尚書。

卯卒。志和吏部左侍郎。十一月辛巳遷。麟書

烏拉喜崇阿吏部右侍郎。

遷。崑岡戶部左侍郎。差。奎潤兼署。

王文韶戶部左侍郎。

遷。長敍戶部右侍郎。

申病休。邵亨豫禮部左侍郎。

文韶兼署。

遷。松溎刑部左侍郎。

文徵刑部右侍郎。十一月辛未病免。壬申，錫

錫珍工部右侍郎。十一月壬申遷。興廉工部

申，張澐卿工部右侍郎。八月差。程祖誥署工

	光緒六年庚辰
	靈桂
	萬青藜
	景廉
	董恂
	恩承
	徐桐
	廣壽
	沈桂芬
	文煜
	潘祖蔭
	全慶十一月己巳遷。庚午，瑞
	翁同龢
吏部左侍郎。	麟書十月壬戌遷。烏拉喜崇
	黃倬病免。四月辛酉，邵亨豫
	烏拉喜崇阿十月壬戌遷。奎
	夏同善八月癸卯卒。錢寶廉
	崑岡
	王文韶
	長敍十二月戊戌革。錫珍戶
	宜振
	松森八月丙午遷。桂全禮部
	邵亨豫四月辛酉遷。殷兆鏞
	全桂八月丙午遷。崇禮禮部
	殷兆鏞四月辛酉遷。祁世長
	奎潤十月壬戌遷。耀年兵部
	許應騤
	恩麟
	朱智
	松溎
	錢寶廉八月癸卯遷。孫詒經
珍刑部右侍郎。	錫珍十二月戊戌遷。敬信刑
	薛允升
	師曾
	孫詒經八月癸卯遷。孫家鼐
右侍郎。	興廉
部右侍郎。	張澐卿

	光緒七年辛巳
	靈桂十月癸酉遷。廣壽吏部
	萬青藜
	景廉
	董恂
	恩承
	徐桐
	廣壽十月癸酉遷。志和兵部
	沈桂芬正月丙寅卒。李鴻藻
	文煜
	潘祖蔭
聯工部尚書。	瑞聯
	翁同龢
阿吏部左侍郎。	烏拉喜崇阿十月癸酉遷。奎
吏部左侍郎。	邵亨豫
潤吏部右侍郎。	奎潤十月癸酉遷。錫珍吏部
吏部右侍郎。	錢寶廉十二月庚辰賜卹。祁
	崑岡
	王文韶
部右侍郎。	錫珍十月癸酉遷。崇禮戶部
	宜振四月甲辰病免。乙巳，孫
左侍郎。	桂全
禮部左侍郎。	殷兆鏞十二月癸未病免。張
右侍郎。	崇禮十月癸酉遷。寶廷禮部
禮部右侍郎。	祁世長十二月辛巳遷。許庚
左侍郎。	耀年
	許應騤
	恩麟
	朱智四月丙午病免。丁未，梅
	松溎
刑部左侍郎。	孫詒經四月乙巳遷。薛允升
部右侍郎。	敬信
	薛允升四月乙巳遷。夏家鎬
	師曾
工部左侍郎。	孫家鼐
	興廉
	張澐卿遷。二月癸未，孫毓汶

尚書。

尚書。

兵部尚書。

潤吏部左侍郎。

右侍郎。

世長吏部右侍郎。

右侍郎。

詒經戶部右侍郎。

澐卿禮部左侍郎。

右侍郎。

身禮部右侍郎。

啓兵部右侍郎。八月丁亥遷。徐郙兵部右侍郎。

刑部左侍郎。

刑部右侍郎。

工部右侍郎。

光緒八年壬午

廣壽

萬青藜 正月辛亥免。李鴻藻吏部尚書。

景廉

董恂 正月辛亥免。閻敬銘戶部尚書，未任。王

恩承

徐桐

志和

李鴻藻 正月辛亥遷。毛昶熙兵部尚書。二月

文煜

潘祖蔭

瑞聯

翁同龢

烏拉喜崇阿

邵亨豫

錫珍

祁世長 八月差。王文韶兼署吏部右侍郎。

崑岡

王文韶 正月辛亥，升戶部尚書。文韶五月

崇禮 五月戊申降。恩福戶部右侍郎。

孫詒經

桂全

張澐卿

寶廷

許庚身 九月乙未遷。童華禮部右侍郎。

耀年

許應騤 十一月戊子遷。黃體芳兵部左侍郎。

恩麟 正月辛亥休。福錕兵部右侍郎。五月戊

徐郙 八月甲寅差。陳蘭彬署兵部右侍郎。

松溎

薛允升

敬信 五月戊申遷。福錕刑部右侍郎。

夏家鎬 九月乙未免。許庚身刑部右侍郎。

師曾 六月甲子遷。敬信工部左侍郎。

孫家鼐

興廉

孫毓汶

文韶署。敬銘五月任。

戊辰卒。張之萬兵部尚書。

回任。十一月丁亥免。許應騤戶部左侍郎。未任。

申遷。敬信兵部右侍郎。六月甲子遷。師曾兵部
未任,前薛允升兼署。

光緒九年癸未	
廣壽	
李鴻藻	
景廉降。六月己巳,額勒和布戶	
閻敬銘	
恩承	
徐桐	
志和正月辛亥革。二月壬子,瑞	
張之萬正月丙午遷。彭玉麟兵	
文煜	
潘祖蔭正月丙午憂免。張之萬	
瑞聯二月甲寅遷。麟書工部尚	
翁同龢	
烏拉喜崇阿六月己巳遷。錫珍	
邵亨豫六月丙辰,卒。祁世長吏	
錫珍六月己巳遷。崑岡吏部右	
祁世長六月丙辰遷。許應騤吏	
崑岡六月己巳遷。福錕戶部左	
許應騤六月丙辰遷。孫詒經戶	前,張家驤署。
恩福二月甲寅遷。福錕戶部右	
孫詒經六月丙辰遷。孫家鼐戶	
桂全	
張澐卿十月庚戌卒。辛亥,徐郙	
寶廷正月甲午革。貴恆禮部右	
童華	
耀年	
黃體芳	
師曾	右侍郎。
徐郙十月辛亥遷。劉錦棠兵部	
松溎	
薛允升	
福錕二月甲寅遷。貴恆刑部右	
許庚身	
敬信六月己巳遷。興廉工部左	
孫家鼐六月丙辰遷。孫毓汶工	
興廉六月己巳遷。景善工部右	
孫毓汶六月丙辰遷。張家驤工	

部尚書。

聯兵部尚書。十一月乙未免。景廉兵部尚書。

部尚書，未任。閻敬銘兼署。

刑部尚書。

書。

吏部左侍郎。九月丁未遷。景廉吏部左侍郎。十

部左侍郎。

侍郎。十一月乙未，奎潤吏部右侍郎。

部右侍郎。

侍郎。

部左侍郎。

侍郎。六月己巳遷。敬信戶部右侍郎。十一月辛

部右侍郎。

禮部左侍郎。

侍郎。二月甲寅遷。嵩申禮部右侍郎。十一月辛

右侍郎。未任。徐用儀署。

侍郎。

侍郎。

部左侍郎。

侍郎。

部右侍郎。

光緒十年甲	
廣壽八月癸	
李鴻藻三月	
額勒和布九	
閻敬銘	
恩承五月戊	
徐桐三月庚	
景廉三月戊	
彭玉麟五	
文煜五月戊	
張之萬	
麟書五月壬	
翁同龢	
崑岡三月庚	一月乙未，崑岡遷吏部左侍郎。
祁世長三月	
奎潤三月庚	
許應騤三月	
福錕五月癸	
孫詒經	
嵩申閏五月	丑病免。嵩申戶部右侍郎。
孫家鼐	
桂全五月己	
徐郙	
熙敬閏五月	丑遷。熙敬禮部右侍郎。
童華	
耀年	
黃體芳	
師曾	
劉錦棠十月	
松溎三月庚	
薛允升	
貴恆三月庚	
許庚身	
興廉五月戊	
孫毓汶	
景善五月己	
張家驤三月	

申

未卒。乙酉，恩承吏部尚書。

戊子免。己丑，徐桐吏部尚書。

月甲子遷。崇綺戶部尚書。

子遷。延煦禮部尚書。

寅遷。畢道遠禮部尚書。

子免。庚寅，烏拉喜崇阿兵部尚書。

月乙未，徐桐兼署兵部尚書。

子遷。恩承刑部尚書。八月乙酉遷。錫珍刑部尚

寅病免。癸卯，福錕工部尚書。

寅遷。奎潤吏部左侍郎。八月乙酉遷。松溎吏部

庚寅遷。許應騤吏部左侍郎。

寅遷。松溎吏部右侍郎。八月乙酉遷。熙敬吏部

庚寅遷。張家驤吏部右侍郎。

卯遷。嵩申戶部左侍郎。

甲辰遷。景善戶部右侍郎。

丑遷。慶麟禮部左侍郎。

乙巳遷。七月丙辰，敬信禮部右侍郎。

壬申遷。曾紀澤兵部右侍郎。

寅遷。貴恆刑部左侍郎。五月己丑免。桂全刑部

寅遷。文暉刑部右侍郎。

子遷。己丑，景善工部左侍郎。閏五月甲辰遷。烏

丑遷。烏拉布工部右侍郎。閏五月乙巳遷。熙敬

庚寅遷。徐用儀工部右侍郎。

書。

左侍郎。

右侍郎。

左侍郎。

拉布工部左侍郎。

工部右侍郎。八月乙酉遷。清安工部右侍郎。

光緒十一年乙酉	
恩承	十一月癸亥遷。崇綺吏部尚書。
徐桐	
崇綺	十一月癸亥遷。福錕戶部尚書。
閻敬銘	十一月癸亥遷。翁同龢戶部尚書。
延煦	
畢道遠	
烏拉喜崇阿	
彭玉麟	五月戊申，潘祖蔭署兵部尚書。十一
錫珍	
張之萬	
福錕	十一月癸亥遷。麟書工部尚書。
翁同龢	十一月癸亥遷。潘祖蔭工部尚書。
松溎	
許應騤	
熙敬	
張家驤	十一月壬子卒。李鴻藻吏部右侍郎。
嵩申	
孫詒經	
景善	
孫家鼐	
慶麟	三月己酉，文暉禮部左侍郎。
徐郙	
敬信	
童華	
耀年	
黃體芳	十二月辛卯降。曾紀澤兵部左侍郎。
師曾	
曾紀澤	十二月辛卯遷。廖壽恒兵部右侍郎。
桂全	
薛允升	
文暉	三月己酉遷。貴恒刑部右侍郎。
許庚身	
烏拉布	
孫毓汶	
清安	
徐用儀	

光	
崇	
徐	
福	
翁	
延	
畢	
烏	
彭	月癸亥遷。十二月甲子，許庚身署兵部尚書。
錫	
張	
麟	
潘	
松	
許	
熙	
李	
嵩	
孫	
景	
孫	
文	
徐	
敬	
童	
耀	
曾	
師	
廖	
桂	
薛	
貴	
許	
烏	
孫	
清	
徐	

緒十二年丙戌	光緒十三
綺 二月甲戌病免。錫珍吏部尚書。	錫珍
桐	徐桐
錕	福錕
同龢	翁同龢
煦	延煦 二月
道遠	畢道遠 九
拉喜崇阿	烏拉喜崇
玉麟 許庚身	彭玉麟
珍 二月甲戌遷。麟書刑部尚書。	麟書
之萬	張之萬
書 二月甲戌遷。崑岡工部尚書。	崑岡
祖蔭	潘祖蔭
溎	松溎
應騤	許應騤
敬	熙敬 正月
鴻藻	李鴻藻 九
申	嵩申
詒經	孫詒經
善	景善 正月
家鼐	孫家鼐 正
暉 五月丁未遷。敬信禮部左侍郎。	敬信
郙	徐郙
信 五月戊申，英煦禮部右侍郎。	英煦 二月
華	童華
年	耀年 十二
紀澤	曾紀澤 正
曾	師曾 十二
壽恆	廖壽恆 正
全	桂全
允升	薛允升
恆	貴恆
庚身	許庚身 九
拉布	烏拉布
毓汶	孫毓汶
安	清安
用儀	徐用儀

年丁亥	光緒十四年
	錫珍
	徐桐
	福錕
	翁同龢
丁亥卒。奎潤禮部尚書。	奎潤
月丁巳病免。李鴻藻禮部尚書。	李鴻藻
阿	烏拉喜崇阿
許庚身	彭玉麟六月
	麟書
	張之萬
	崑岡
	潘祖蔭
	松溎
	許應騤
辛亥遷。景善吏部右侍郎。	景善
月丁巳遷。許庚身吏部右侍郎。	許庚身七月
	嵩申十一月
	孫詒經
辛亥遷。熙敬戶部右侍郎。	熙敬十一月
月辛亥遷。曾紀澤戶部右侍郎。	曾紀澤
	敬信十一月
	徐郙
丁亥遷。續昌禮部右侍郎。	續昌十一月
	童華
月丁未卒。師曾兵部左侍郎。	師曾
月辛亥遷。廖壽恆兵部左侍郎。	廖壽恆
月丁未遷。綿宜兵部右侍郎。	綿宜三月癸
月辛亥遷。孫家鼐兵部右侍郎。	孫家鼐
	桂全
	薛允升
	貴恆
月戊午遷。周德潤刑部右侍郎。	周德潤
	烏拉布
	孫毓汶七月
	清安
	徐用儀七月

光	戊子
錫	
徐	
福	
翁	
奎	
李	
烏	
許	甲辰病免。七月壬子,許庚身補兵部尚書。
麟	
張	
崑	
潘	
松	
許	
景	
孫	壬子遷。孫毓汶吏部右侍郎。
熙	壬戌遷。熙敬戶部左侍郎。
孫	
敬	壬戌遷。敬信戶部右侍郎。
曾	
續	壬戌遷。續昌禮部左侍郎。
徐	
文	壬戌遷。文興禮部右侍郎。
童	
師	
廖	
崇	亥遷。崇禮兵部右侍郎。
孫	
桂	
薛	
貴	
周	
烏	
徐	壬子遷。徐用儀工部左侍郎。
清	
汪	壬子遷。汪鳴鑾工部右侍郎。

緒十五年己丑

珍　九月甲寅，卒。麟書吏部尚書。

桐

錕

同　龢

潤

鴻　藻

拉　喜崇阿

庚　身

書　九月丙辰遷。嵩申刑部尚書。

之　萬　正月辛酉遷。孫毓汶刑部尚書。

岡

祖　蔭

淮

應　騤

善　三月丙寅病免。敬信吏部右侍郎。

毓　汶　正月辛酉遷。壬戌，孫家鼐吏部右侍郎。

敬　六月戊戌遷。續昌戶部左侍郎。

詒　經

信　三月丁卯遷。續昌戶部右侍郎。六月己亥遷。

紀　澤

昌　三月丁卯遷。文興禮部左侍郎。

郙

興　三月丁卯遷。寶昌禮部右侍郎。十月丁酉降。

華　二月丙申卒。廖壽恆禮部右侍郎。

曾

壽　恆　二月丁酉遷。徐用儀兵部左侍郎。

禮　六月己亥遷。巴克坦布兵部右侍郎。

家　鼐　正月壬戌遷。徐用儀兵部右侍郎。二月丁

全

允　升

恆　二月壬午遷。甲申，清安刑部右侍郎。

德　潤

拉　布

用　儀　正月壬戌遷。汪鳴鑾工部左侍郎。

安

鳴　鑾　正月壬戌遷。徐樹銘工部右侍郎。

	光緒十六年庚寅
	麟書
	徐桐
	福錕
	翁同龢
	奎潤二月己卯卒。庚
	李鴻藻
	烏拉喜崇阿
	許庚身
	嵩申
	孫毓汶
	崑岡二月庚辰遷。熙
	潘祖蔭十一月戊辰
	松溎
	許應騤
	敬信
	孫家鼐十一月己巳
	續昌
	孫詒經十一月癸酉
崇禮戶部右侍郎。	崇禮
	曾紀澤閏二月乙丑
	文興
	徐郙十一月辛未遷。
景善禮部右侍郎。	景善
	廖壽恆十一月辛未
	師曾
	徐用儀二月丙寅遷。
	巴克坦布
酉遷。白桓兵部右侍郎。	白桓
	桂全十二月丁巳卒。
	薛允升
	清安十二月戊午遷。
	周德潤
	烏拉布十二月戊午
	汪鳴鑾
	清安二月甲申遷。豐
	徐樹銘

辰，崑岡禮部尚書。

敬工部尚書。

卒。己巳，祁世長工部尚書。

遷。徐郙吏部右侍郎。

卒。己卯，廖壽恆戶部左侍郎。

卒。丙寅徐用儀戶部右侍郎。

廖壽恆禮部左侍郎。己卯遷，錢應溥禮部左侍

遷。錢應溥禮部右侍郎。己卯遷。李文田禮部右

洪鈞兵部左侍郎。

戊午，清安刑部左侍郎。

鳳秀刑部右侍郎。

卒。庚申，裕德工部左侍郎。

烈工部右侍郎。十二月戊午遷。桂祥工部右侍

光緒十七年辛卯
麟書
徐桐
福錕
翁同龢
崑岡
李鴻藻
烏拉喜崇阿
許庚身
嵩申十一月丙子卒。丁卯，貴恆刑部尚
孫毓汶
熙敬
祁世長
松溎
許應騤四月丁未遷。己酉，譚鍾麟吏部
敬信
徐郙
續昌
廖壽恆
崇禮
徐用儀
文興遷。十一月己巳，啓秀禮部左侍郎。
郎。錢應溥
景善
侍郎。李文田
師曾
洪鈞
巴克坦布
白桓六月丁酉病免。壬寅，沈源深兵部
清安
薛允升
鳳秀
周德潤
裕德
汪鳴鑾
郎。桂祥十月庚午遷。崇光工部右侍郎。
徐樹銘

光緒十八年壬辰	
麟書	
徐桐	
福錕八月甲申遷。熙敬戶部尚書。	
翁同龢	
崑岡	
李鴻藻	
烏拉喜崇阿	
許庚身	
貴恆	書。
孫毓汶	
熙敬八月甲申遷。松溎工部尚書。	
祁世長八月癸亥卒。壬申，孫家鼐工	
松溎八月甲申遷。敬信吏部左侍郎。	
譚鍾麟五月乙酉遷。六月戊子，徐郙	左侍郎。
敬信八月甲申遷。崇光吏部右侍郎。	
徐郙六月戊子遷。徐用儀吏部右侍	
續昌三月丙子病免。崇禮戶部左侍	
廖壽恆八月壬申遷。張蔭桓戶部左	
崇禮三月戊寅遷。立山戶部右侍郎。	
徐用儀六月戊子遷。張蔭桓戶部右	
啓秀八月壬申遷。長麟禮部左侍郎。	
錢應溥	
景善	
李文田	
師曾	
洪鈞	
巴克坦布	
沈源深	右侍郎。
清安	
薛允升	
鳳秀三月戊寅遷。阿克丹刑部右侍	
周德潤十月甲戌卒。丙子，李端棻刑	
裕德	
汪鳴鑾	
崇光八月甲申遷。志和工部右侍郎。	
徐樹銘	

部尚書。

吏部左侍郎。八月壬申遷。徐用儀吏部左侍郎。

郎。八月壬申遷。廖壽恆吏部右侍郎。

郎。

侍郎。

侍郎。八月壬申遷。陳學棻戶部右侍郎。

郎。

部右侍郎。

光緒十九年癸巳
麟書
徐桐
熙敬
翁同龢
崑岡
李鴻藻
烏拉喜崇阿
許庚身十二月庚戌卒。丁巳，孫毓汶兵部尚書。
貴恆九月辛巳乞休。乙酉，松溎刑部尚書。
孫毓汶十二月丁巳遷。薛允升刑部尚書。
松溎九月乙酉遷。懷塔布工部尚書。
孫家鼐
敬信九月乙酉遷。壽蔭吏部左侍郎。
徐用儀
崇光
廖壽恆
崇禮
張蔭恆
立山
陳學棻
長麟
錢應溥
景善
李文田
師曾五月壬午休。巴克坦布兵部左侍郎。
洪鈞八月甲戌卒。戊寅，王文錦兵部左侍郎。
巴克坦布五月壬午遷。壽蔭兵部右侍郎。九月
沈源深二月壬戌病免。甲子，徐樹銘兵部右侍
清安正月壬辰病免。乙未，阿克丹刑部左侍郎。
薛允升十二月丁巳遷。壬戌，李端棻刑部左侍
阿克丹正月乙未遷。德裕刑部右侍郎。
李端棻十二月壬戌遷。龍湛霖刑部右侍郎。
裕德正月乙未遷。克們泰工部左侍郎。九月乙
汪鳴鑾
志和九月乙酉遷。英年署。
徐樹銘二月甲子遷。徐會灃工部右侍郎。

光緒二十年甲	
麟書	
徐桐	
熙敬	
翁同龢	
崑岡	
李鴻藻	
烏拉喜崇阿正	
孫毓汶	
松溎	
薛允升	
懷塔布	
孫家鼐	
壽蔭八月乙丑	
徐用儀	
崇光八月乙丑	
廖壽恆	
崇禮正月癸卯	
張蔭桓	
立山正月癸卯	
陳學棻	
長麟十二月乙	
錢應溥	
景善正月壬寅	
李文田	
巴克坦布	
王文錦	
克們泰正月癸	乙酉遷。克們泰兵部右侍郎。
徐樹銘	郎。
阿克丹	
李端棻	郎。
裕德正月癸卯	
龍湛霖	
鳳鳴	酉遷。鳳鳴工部左侍郎。
汪鳴鑾	
英年	
徐會澧	

午

月壬寅休。癸卯，敬信兵部尚書，

遷。崇光吏部左侍郎。

遷。長萃吏部右侍郎。

遷。立山戶部左侍郎。

遷。克們泰戶部右侍郎。十一月假，十二月乙巳，

巳遷。剛毅禮部左侍郎。

休。志銳禮部右侍郎。十一月壬午差。剛毅禮部

卯遷。榮惠兵部右侍郎。

遷。文琳署。十一月丙子補。

光
麟
徐
熙
翁
崑
李
敬
孫
松
薛
懷
孫
崇
徐
長
廖
立
張
長麟戶部右侍郎。長
陳
剛
錢
右侍郎。十二月乙巳，遷溥善禮部右侍郎。溥
李
巴
王
榮
徐
阿
李
文
龍
鳳
汪
英
徐

緒二十一年乙未
書六月乙酉遷。庚寅，熙敬吏部尚書。
桐
敬六月庚寅遷。敬信戶部尚書。
同龢
岡
鴻藻
信六月庚寅遷。榮祿兵部尚書。
毓汶六月甲戌病免。己卯，徐郙兵部尚書。
淮
允升
塔布
家鼐
光
用儀
萃
壽恆六月己卯遷。汪鳴鑾吏部右侍郎。十月甲
山
蔭桓
麟十月甲申革。乙酉，剛毅戶部右侍郎。
學棻
毅十月乙酉遷。溥善禮部左侍郎。
應溥
善十月乙酉遷。堃岫禮部右侍郎。
文田十月己丑卒。癸巳，徐會澧禮部右侍郎。
克坦布
文錦十月甲申遷。徐樹銘兵部左侍郎。
惠
樹銘十月甲申遷。吳廷芬兵部右侍郎。
克丹
端棻
琳
湛霖
鳴
鳴鑾六月己卯遷。許景澄工部左侍郎。
年
會澧十月癸巳遷。惲彥彬工部右侍郎。

光緒二十二	
熙敬	
徐桐十月己	
敬信	
翁同龢	
崑岡四月戊	
李鴻藻十月	
榮祿	
徐郙	
松溎	
薛允升	
懷塔布四月	
孫家鼐十月	
崇光	
徐用儀	
長萃十二月	
王文錦五月	申革。乙酉，王文錦吏部右侍郎。
立山	
張蔭桓	
剛毅四月庚	
陳學棻	
溥善十二月	
錢應溥十月	
堃岫十二月	
徐會灃十月	
巴克坦布五	
徐樹銘	
榮惠五月己	
吳廷芬五月	
阿克丹	
李端棻	
文琳	
龍湛霖	
鳳鳴	
許景澄	
英年	
惲彥彬	

光緒二	年丙申
熙敬	
李鴻藻	丑還。辛卯，李鴻藻吏部尚書。
敬信	
翁同龢	
懷塔布	子還。庚寅，懷塔布禮部尚書。
孫家鼐	辛卯還，孫家鼐禮部尚書。
榮祿	
徐郙	
松溎七	
薛允升	
剛毅七	庚寅還。剛毅工部尚書。
許應騤	辛卯還。許應騤工部尚書。
崇光	
徐用儀	
溥善	辛酉還。溥善吏部右侍郎。
吳廷芬	辛酉卒。壬戌，吳廷芬吏部右侍郎。
立山	
張蔭桓	
溥良	寅還。溥良戶部右侍郎。
陳學棻	
堃岫	辛酉還。堃岫禮部左侍郎。
徐會灃	辛卯還。徐會灃禮部左侍郎。
溥頲	辛酉還。溥頲禮部右侍郎。
張英麟	辛卯還。張英麟禮部右侍郎。
榮惠	月丁未病免。己酉，榮惠兵部左侍郎。
徐樹銘	
文林	酉還，文林兵部右侍郎。
楊頤八	壬戌還。楊頤兵部右侍郎。
阿克丹	
李端棻	
文琳	
龍湛霖	
鳳鳴	
許景澄	
英年	
惲彥彬	

十三年丁酉

七月庚寅卒。壬辰，孫家鼐吏部尚書。

七月壬辰遷。許應騤禮部尚書。

月乙未調。剛毅刑部尚書。
九月戊子降。廖壽恆刑部尚書。
月乙未調。松溎工部尚書。
七月壬辰遷。錢應溥工部尚書。

八月甲戌開缺。戊寅，徐樹銘吏部右侍郎。九月

九月戊子遷。張英麟禮部左侍郎。

九月戊子遷。唐景崇禮部右侍郎。

八月戊寅遷。楊頤兵部左侍郎。

月戊寅遷。壽昌兵部右侍郎。

七月乙未遷。趙舒翹刑部左侍郎。

光緒二十四年	
熙敬	
孫家鼐	
敬信	
翁同龢　四月己	
懷塔布　六月庚	
許應騤　六月庚	
榮祿　四月甲辰	
徐郙	
剛毅　四月甲辰	
廖壽恆　八月辛	
松溎	
錢應溥	
崇光	
徐用儀	
溥善	
徐會澧　六月庚	戊子。遷。徐會澧吏部右侍郎。
立山	
張蔭桓　八月庚	
溥良	
陳學棻	
堃岫　六月庚午	
張英麟	
溥頲　六月庚午	
唐景崇	
榮惠　十二月辛	
楊頤	
文林	
壽昌　十月丁	
阿克丹　十二月	
趙舒翹　八月辛	
文琳　九月丁卯	
龍湛霖　六月乙	
鳳鳴	
許景澄	
英年	
惲彥彬　閏三月	

戊戌

酉罷。五月丁巳,王文韶戶部尚書。
午革。癸酉,裕祿禮部尚書。八月甲午遷、啟秀
午革。癸酉,李端棻禮部尚書。八月戊戌革。辛
遷。剛毅兵部尚書。

遷。崇禮刑部尚書。
丑遷。趙舒翹刑部尚書。

午革。癸酉,李培元吏部右侍郎。八月壬寅遷。

寅革。甲午,吳樹梅戶部左侍郎。

革。癸酉,闊普通武禮部左侍郎。十月戊申遷。

革。癸酉,薩廉禮部右侍郎。十二月庚辰遷。溥

巳遷。溥頲兵部左侍郎。乙丑遷。阿克丹兵部

酉,徐致祥兵部右侍郎。
乙丑遷。溥頲刑部左侍郎。
丑遷。壬寅,李培元刑部左侍郎。十月癸未遷
卒。堃岫刑部右侍郎。
未病免。丁酉,梁仲衡刑部右侍郎。

丁丑病免。己卯,楊儒工部右侍郎。

禮部尚書。

丑，廖壽恆禮部尚書。

徐會澧吏部右侍郎。

己酉，溥頲禮部左侍郎。十二月辛巳遷。榮惠禮

顧禮部右侍郎。

左侍郎。

徐承煜刑部左侍郎。

	光緒二十五年己亥
	熙敬
	孫家鼐十一月戊辰病免。己巳，徐
	敬信
	王文韶
	啓秀
	廖壽恆
	剛毅
	徐郙十一月己巳遷。徐用儀兵部
	崇禮
	趙舒翹
	松溎
	錢應溥五月甲寅病免，乙卯，徐樹
	崇光
	徐用儀五月乙卯遷。徐會澧吏部
	溥善
	徐會澧五月乙卯遷。許景澄吏部
	立山
	吳樹梅
	溥良
	陳學棻十一月己巳遷。吳廷棻戶
部左侍郎。	榮惠
	張英麟
	溥顧
	唐景崇正月癸酉，差。瞿鴻禨禮部
	阿克丹
	楊頤卒。四月辛卯，葛寶華兵部左
	文林
	徐致祥卒。四月丁亥，李殿林兵部
	溥頲十月庚寅遷。崇勳刑部左侍
	徐承煜
	堃岫
	梁仲衡
	鳳鳴
	許景澄五月乙卯遷。楊儒工部左
	英年
	楊儒五月乙卯，遷。袁世凱工部右

郁|吏部尚書、

尚書。

銘|工部尚書。

左侍郎。十一月己巳遷、庚午、許|景|澄吏部左侍

右侍郎。十一月己巳遷、陳|學|棻吏部右侍郎、

部右侍郎、

右侍郎。

侍郎。

右侍郎。

郎。

侍郎。

侍郎。

光緒二十六年庚子

熙敬 三月己未卒。庚申，剛毅吏部尚書。八
徐郙
敬信 三月庚申遷，立山戶部尚書。五月逮。
王文韶 十月癸丑遷。鹿傳霖戶部尚書。
啓秀 十二月壬戌革。丙寅，世續禮部尚書。
廖壽恆 九月丙子病免。丁丑，鹿傳霖禮部
剛毅 三月庚申遷。敬信兵部尚書。八月己
徐用儀 七月丙辰棄市。徐會澧兵部尚書。
崇禮 八月己卯遷，貴恆刑部尚書。
趙舒翹 九月壬辰革，留。十二月甲寅論斬。
松溎
徐樹銘 四月戊戌卒。徐會澧工部尚書。七
崇光 七月乙巳卒。溥善吏部左侍郎。
許景澄 七月癸卯棄市。丙午，陳學棻吏部
郎。
溥善 七月乙巳遷。顧璜吏部右侍郎。
陳學棻 七月丙午遷，張英麟吏部右侍郎。
立山 三月辛酉.英年戶部左侍郎，八月
吳樹梅
溥良 九月辛卯遷，那桐戶部右侍郎。
吳廷棻 四月戊戌遷，華金壽戶部右侍郎。
榮惠
張英麟 七月丙午遷，張百熙禮部左侍郎。
溥顧 七月壬寅遷，桂春禮部右侍郎，尋遷，
瞿鴻磯 九月丁丑遷，陸潤庠禮部右侍郎。
阿克丹 十二月庚申遷，貽穀兵部左侍郎，
葛寶華
文林
李殿林 閏八月遷，庚申，陸寶忠兵部右侍
崇勳
徐承煜 十二月壬戌革，戴鴻慈刑部左侍
旌岫 五月甲寅遷，景澧刑部右侍郎。
梁仲衡
鳳鳴 正月甲子卒。英年工部左侍郎。三月
楊儒
英年 正月遷。甲子，世續工部右侍郎。三月
袁世凱 二月丙戌遷，戊子，華金壽工部右

月己卯交議。敬信吏部尚書。

六月庚寅，崇綺戶部尚書。八月丁丑卒。己卯，

尚書。十月癸丑遷。孫家鼐禮部尚書。

卯遷。裕德兵部尚書。

庚申，薛允升刑部尚書。

月戊午遷。陳學棻工部尚書。九月丁亥卒。戊

左侍郎。戊午遷。八月，華金壽吏部左侍郎。

己卯遷。桂春戶部左侍郎。

八月壬午遷。呂海寰戶部右侍郎。

九月戊子遷。己丑，李紱藻禮部左侍郎。

八月庚辰，那桐禮部右侍郎。九月辛卯遷。綿

郎。

郎。

辛酉卒。世續工部左侍郎。九月乙亥遷。丙子，

辛酉遷。煜興工部右侍郎。

侍郎。四月戊戌遷。李端遇工部右侍郎。

崇禮戶部尚書。

子，瞿鴻禨工部尚書。

文禮部右侍郎。

繼祿工部左侍郎。

清史稿卷一百九十五

表三十五

部院大臣年表九下

光緒元年乙亥
理藩院尚書
理藩院左侍郎
理藩院右侍郎
都察院滿左都御史
都察院漢左都御史
都察院滿左副都御史
都察院滿左副都御史
都察院漢左副都御史
都察院漢左副都御史
光緒二年丙子
理藩院尚書
理藩院左侍郎
理藩院右侍郎
都察院滿左都御史
都察院漢左都御史
都察院滿左副都御史
都察院滿左副都御史
都察院漢左副都御史
都察院漢左副都御史
光緒三年丁丑
理藩院尚書
理藩院左侍郎
理藩院右侍郎
都察院滿左都御史
都察院漢左都御史
都察院滿左副都御史
都察院滿左副都御史
都察院漢左副都御史
都察院漢左副都御史

皂保	
德椿	
蘇勒布	五月戊戌遷。麟書理藩院右侍郎。
魁齡	九月己亥遷。景廉左都御史。
賀壽慈	
惠林	（更名惠全。）
興恩	十一月己未遷。十二月辛未，奎潤左副
童華	
唐壬森	

皂保	十月甲寅遷。察杭阿理藩院尚書。
德椿	十月甲寅遷。麟書理藩院左侍郎。十一
麟書	十月甲寅遷。桂全理藩院右侍郎。十一
景廉	
賀壽慈	
奎潤	
文徵	
童華	
唐壬森	

察杭阿	
桂全	
惠全	
景廉	正月癸亥遷。全慶左都御史。
賀壽慈	九月丙寅遷。徐桐左都御史。
奎潤	
文徵	
童華	遷。十月丁酉，程祖誥左副都御史。
唐壬森	十一月丙子病免。十二月丁酉，張澐

光緒四年戊	
察杭阿	
桂全	
惠全	
全慶三月癸	
徐桐五月戊	
奎潤五月辛	
文徵十二月	都御史。
程祖誥	
張澐卿	

光緒五年己	
察杭阿	
桂全五月甲	月乙未遷。全桂理藩院左侍郎。
惠全正月戊	月乙未遷。全惠理藩院右侍郎。
崇厚十一月	
翁同龢正月	
錫珍正月戊	
崇勳正月壬	
程祖誥	
張澐卿四月	

光緒六年庚	
察杭阿十月	
阿昌阿	
鐵祺	
志和十月壬	
童華	
崇勳	
寶森十月壬	
程祖誥	
陳蘭彬夏	卿左副都御史。

寅

亥遷。恩承左都御史。五月辛亥遷。榮祿左都御
辰遷。翁同龢左都御史。
亥遷。六月己丑，錫珍左副都御史。
癸卯遷。

卯

午遷。阿昌阿理藩院左侍郎。
辰休。錫珍理藩院右侍郎。二月癸未遷。阿昌阿
癸巳開缺。辛卯，志和左都御史。
庚午遷。潘祖蔭左都御史。三月乙卯遷。童華左
辰遷。三月壬子，寶森左副都御史。
申，左副都御史。

庚申遷。六月庚戌，賀壽慈左副都御史。己未劾

辰
壬戌卒。志和理藩院尚書。

戌遷。麟書左都御史。

戌遷。鍾濂十一月戊子，左副都御史。

家鎬仍署。

史。癸亥遷、文煜左都御史、十二月癸卯遷。崇

理藩院右侍郎。五月甲午遷。鐵祺理藩院右

都御史。

免。八月壬寅,陳蘭彬左副都御史,未任,丙午,

光緒七年辛巳	
志和十月癸酉遷。麟書	
阿昌阿	
鐵祺	
麟書十月癸酉遷。烏拉	厚左都御史。志和署。
童華	
崇勳	
鍾濂	
程祖誥五月癸巳休。七	
陳蘭彬 夏家鎬四月	

光緒八年壬午	
麟書	
阿昌阿	
鐵祺休。正月辛亥，岳林	侍郎。
烏拉喜崇阿	
童華正月辛亥免。畢道	
崇勳十二月己巳革。	
鍾濂五月戊申遷，七月	
曾紀澤 張家驤四月	
陳蘭彬三月就任。	夏家鎬署。

光緒九年癸未	
麟書二月甲寅遷。額勒	
阿昌阿	
岳林	
烏拉喜崇阿六月己巳	
畢道遠	
懷塔布正月丁未，左副	
文暉	
曾紀澤 張佩綸仍署。	

理藩院尚書。

喜崇阿左都御史。

月辛未，曾紀澤左副都御史，未任，徐用儀署。

乙巳遷。己酉，許庚身署左副都御史。十二月

理藩院右侍郎。

遠左都御史。

文暉左副都御史。

丙戌遷，王之翰署左副都御史。十一月癸巳

和布理藩院尚書。六月己巳遷。烏拉喜崇阿

遷。延煦左都御史。

都御史。

光	
烏	
阿	
岳	
延	
畢	
懷	
文	
曾	十二月癸未改署。張家驤署左副都御史。
陳	遷。周家楣署。

光	
崑	
阿	
岳	
奎	
祁	
英	
志	
吳	休致。張佩綸署。
白	

光	
崑	理藩院尚書。
阿	
岳	
奎	
祁	
英	
志	
吳	
白	

緒十年甲申
拉喜崇阿三月庚寅遷。延煦理藩院尚書。五月
昌阿
林
煦三月庚寅遷。崑岡左都御史。五月戊子遷。錫
道遠三月庚寅遷。祁世長左都御史。
塔布十二月辛巳遷。
暉三月庚寅遷。四月己巳，志元左副都御史。
紀澤張佩綸五月戊寅赴福建。胡瑞瀾署左
蘭彬免。八月乙亥，吳大澂左副都御史。沈源深

緒十一年乙酉
岡
昌阿
林
潤
世長
煦正月庚午，左副都御史。
元
大澂沈源深仍署。
桓六月庚辰差。胡瑞瀾署左副都御史八月差

緒十二年丙戌
岡二月甲戌遷。紹祺理藩院尚書。
昌阿二月庚辰病休。崇禮理藩院左侍郎。
林十二月卒。辛酉，綿宜理藩院右侍郎。
潤
世長
煦五月戊申遷。七月戊戌，奕年左副都御史。
元
大澂
桓

戊子，遷。崑岡理藩院尚書。

珍左都御史。八月乙酉，遷。奎潤左都御史。

副都御史。十月甲戌，曾紀澤遷。
署。

己巳，周家楣署。十一月丙申改署。戊申，徐樹

	光緒十三年丁亥
	紹祺
	崇禮
	綿宜十二月丁未遷。慶福
	奎潤二月辛亥遷。松森左
	祁世長
	奕年
	志元
	吳大澂
	白桓

	光緒十四年戊子
	紹祺十一月戊午卒。嵩申
	崇禮三月癸亥遷。恩棠理
	慶福
	松森
	祁世長
	奕年
	志元十二月辛丑遷。
	吳大澂
銘署左副都御史。	白桓

	光緒十五年己丑
	嵩申九月丙辰遷。松森理
	恩棠
	慶福
	松森九月丙辰遷。熙敬左
	祁世長
	奕年
	奕杕二月辛巳,左副都御
	吳大澂遷。二月丁亥,薛福
	白桓二月甲辰遷。三月癸

理藩院右侍郎，
都御史，
理藩院尚書。
藩院左侍郎，
藩院尚書，
都御史。
史。
成左副都御史。五月己酉病解。六月戊寅，徐
酉，沈源深左副都御史。八月壬寅差。錢應溥

致祥左副都御史。

署左副都御史。十一月丁未遷。黃體芳署左副

光緒十六年庚寅
松森
恩棠 十月乙卯，鳳鳴理藩院左侍
慶福
熙敬 二月庚辰遷。壬午，貴恆左都御
祁世長 十一月己巳遷。孫家鼐左都
奕年
奕杕
徐致祥
黃體芳

光緒十七年辛卯
松森
鳳鳴
慶福
貴恆 十一月丁卯，懷塔布左都御
孫家鼐
奕年
奕杕
徐致祥 五月，差。陳彝署左副都御史。
沈源深 五月遷。己巳，張蔭桓左副都

光緒十八年壬辰
松森
鳳鳴
慶福
懷塔布
孫家鼐 八月壬申遷。徐郙左都御史。
奕年
奕杕
徐致祥 八月遷。丙子，薛福成左副都
都御史。張蔭桓 六月戊子遷。閏六月丙寅，楊

光緒十九年		
松森		
鳳鳴	九月乙	郎。
慶福		
懷塔布	九月	史。
徐郙		御史。
奕年		
奕杕		
楊頤		
薛福成	壽	

光緒二十年		
松森	正月壬	
志和	正月壬	
慶福	正月壬	
敬信	正月癸	史。
徐郙		
奕年		
奕杕		
楊頤		十月癸丑,孫楫署左副都御史。
薛福成	辛卯	御史。

光緒二十一		
啓秀		
溥良		
會章		
裕德		
徐郙	六月己	
奕年	十二月	
奕杕		
楊頤		御史,未任。壽昌署。
壽昌		頤左副都御史。

癸巳

酉遷。志和理藩院左侍郎。

乙酉遷。敬信左都御史。

昌仍署。

甲午

寅休。癸卯，崇禮理藩院尚書。八月甲子、遷乙、丑

寅休。癸卯，溥良理藩院左侍郎。

寅降。癸卯，會章理藩院右侍郎。

卯遷。裕德左都御史。

卒。八月甲子，壽昌左副都御史。

年乙未

卯遷、許應騤左都御史。

乙酉病免。

光緒二十二年丙申		
啓秀		
溥良	四月庚寅遷。綿宜理	
會章		
裕德		
許應騤	十月辛卯遷。錢應	
良培	正月乙丑,左副都御	
奕杕		
楊頤	五月壬戌遷。楊儒左	
壽昌		
光緒二十三年丁酉		
啓秀		啓秀理藩院尚書。
綿宜		
會章		
裕德		
錢應溥	七月壬辰遷。廖壽	
良培		
奕杕		
楊儒		
壽昌	八月遷。九月甲辰,徐	
光緒二十四年戊戌		
啓秀	八月甲午遷。裕德理	
綿宜	正月癸丑卒。甲寅,清	
會章		
裕德	八月甲午遷。丙申,懷	
徐樹銘		
良培		
奕杕		
楊儒	遷。五月戊午,曾廣漢	
徐承煜	十月癸未遷。十一	

藩院左侍郎。

溥左都御史。
史。

副都御史,未任。馮文蔚署左副都御史。十二月

恆左都御史。九月戊子遷。徐樹銘左都御史。

承煜左副都御史。

藩院尚書、
銳理藩院左侍郎。

塔布左都御史。

左副都御史、六月庚午革。癸酉.曾廣鑾左副都
月壬戌,葛寶華左副都御史。

光緒二十五年己亥	
裕德	
清銳 九月辛酉遷。景灃理	
會章	
懷塔布	
徐樹銘 五月乙卯遷。徐用	
良培 六月假。七月癸丑，慶	
奕杕	
曾廣鑾	卒。壬戌，陸寶忠署。
葛寶華 四月辛卯遷。五月	

光緒二十六年庚子	
裕德 八月丁卯遷。懷塔布	
景灃 五月甲寅遷。那桐理	
會章	
懷塔布 八月丁卯遷。英年	
徐會灃 四月戊戌遷。吳廷	
慶福 十一月己巳，成章	
奕杕	
曾廣鑾	
李端遇 四月戊戌遷。五月	
	御史。

藩院左侍郎。

儀左都御史。十一月己巳遷。徐會澧左都御史。

福左副都御史。

庚戌、李端遇左副都御史。

理藩院尚書。十二月戊戌卒。辛丑、世續理藩院

藩院左侍郎。八月庚辰遷。壽耆理藩院左侍郎。

左都御史。九月壬辰革。尋論斬。溥良左都御史。

芬左都御史。九月丙午病免。鹿傳霖左都御史。

左副都御史。

戊申、何乃瑩左副都御史。

尚書。十二月丙寅遷。阿克丹理藩院尚書。

九月丁丑遷。瞿鴻禨左都御史。九月戊子遷。張百熙補。

清史稿卷一百九十六

表三十六

部院大臣年表十

光緒二十七年辛丑		六月癸丑，設外務部。
外務部總理大臣	奕劻	六月癸卯，外務
外務部會辦大臣	王文韶	六月癸卯，外
外務部尚書	瞿鴻禨	六月癸卯，外
吏部滿尚書	敬信	
吏部漢尚書	徐郙	三月癸巳遷。孫
戶部滿尚書	崇禮	
戶部漢尚書	鹿傳霖	
禮部滿尚書	世續	
禮部漢尚書	孫家鼐	三月癸巳遷。
兵部滿尚書	裕德	
兵部漢尚書	徐會澧	
刑部滿尚書	貴恒	
刑部漢尚書	薛允升	十月乙未卒。
工部滿尚書	松溎	
工部漢尚書	瞿鴻禨	六月癸卯遷。
理藩院尚書	阿克丹	
都察院滿左都御史	溥良	
都察院漢左都御史	張百熙	六月癸卯遷。
外務部左侍郎	徐壽朋	六月癸卯，外
外務部右侍郎	聯芳	六月癸卯，外務
吏部滿左侍郎	溥善	
吏部漢左郎郎	李殿林	
吏部滿右侍郎	溥頲	
吏部漢右侍郎	張英麟	
戶部滿左侍郎	桂春	
戶部漢左侍郎	吳樹梅	十二月癸丑
戶部滿右侍郎	那桐	
戶部漢右侍郎	呂海寰	六月甲辰遷。
禮部滿左侍郎	榮惠	
禮部漢左侍郎	李紱藻	
禮部滿右侍郎	綿文	
禮部漢右侍郎	陸潤庠	十二月甲寅
兵部滿左侍郎	貽穀	
兵部漢左侍郎	葛寶華	六月乙巳遷。
兵部滿右侍郎	文林	
兵部漢右侍郎	陸寶忠	
刑部滿左侍郎	崇勳	
刑部漢左侍郎	戴鴻慈	
刑部滿右侍郎	景澧	
刑部漢右侍郎	梁仲衡	十月丙申遷。
工部滿左侍郎	濟祿	
工部漢左侍郎	楊儒	十二月甲寅遷。
工部滿右侍郎	煜興	
工部漢右侍郎	李端遇	五月己巳，
理藩院左侍郎	壽耆	
理藩院右侍郎	會章	
都察院滿左副都御史	成章	
都察院滿左副都御史	奕杕	
都察院漢左副都御史	曾廣鑾	
都察院漢左副都御史	何乃瑩	七月戊寅免。

部總理大臣。

務部會辦大臣。

務部尚書。

家鼐吏部尚書。十二月甲寅，遷。張百熙吏部尚書。

徐郙禮部尚書。

丙申，張百熙刑部尚書。十二月甲寅，遷。葛寶華刑部尚書。

甲辰，張百熙工部尚書。十月丙申，遷。葛寶華工部尚書。十二月甲寅，遷。呂海

呂海寰左都御史。十二月甲寅，遷。陸潤庠左都御史。

務部左侍郎。

部右侍郎。

病免。甲寅，楊儒戶部左侍郎。

乙巳，葛寶華戶部右侍郎。十月丙申，遷。陳邦瑞戶部右侍郎。

遷。朱祖謀禮部右侍郎。

李昭煒兵部左侍郎。

沈家本刑部右侍郎。

梁仲衡工部左侍郎。

陳邦瑞工部右侍郎。十月丙申，遷。梁仲衡工部右侍郎。十二月甲寅，遷。

壬午，張仁黼左副都御史。

光緒二十八年壬寅	
奕劻	
王文韶	
瞿鴻禨	
敬信	
張百熙	
崇禮	
鹿傳霖	
世續	
徐郙	
裕德	
徐會灃	
貴恆十二月甲辰病免。榮慶刑部尚書。	
葛寶華	
松溎	
呂海寰正月，葛寶華兼署工部尚書。	寰工部尚書。
阿克丹	
溥良	
陸潤庠	
徐壽朋	
聯芳	
溥善	
李殿林	
溥頲四月癸巳，繼祿吏部右侍郎。	
張英麟	
桂春十二月甲辰遷。景灃戶部左侍郎。	
楊儒卒。正月癸酉，陳邦瑞戶部左侍郎。	
那桐	
陳邦瑞正月甲戌遷。戴鴻慈戶部右侍郎。	
榮惠二月癸卯遷。特圖愼禮部左侍郎。	
李紱藻	
綿文	
朱祖謀	
貽穀	
李昭煒	
文林	
陸寶忠	
崇勳	
戴鴻慈正月甲戌遷。沈家本刑部左侍郎。	
景灃十二月甲辰遷。仐琦刑部右侍郎。	
沈家本正月甲戌遷。梁仲衡刑部右侍郎。	
濟祿四月癸巳遷。松溎工部左侍郎。	
梁仲衡正月甲戌遷。盛宣懷工部左侍郎。	
煜興	
秦綬章	
譚孝	
會章	
成章	
奕杕	
曾廣鑾	
張仁黼	

光緒二十九年癸卯	七月戊戌，設商部。
外務部總理大臣	奕劻
外務部會辦大臣	王文韶 九月丙申，免。那桐爲外務部會辦大臣。
外務部尚書	瞿鴻禨
商部尚書	載振 七月戊戌，商部尚書。
吏部滿尚書	敬信 八月壬申，遷。世續吏部尚書。
吏部漢尚書	張百熙
戶部滿尚書	崇禮 四月辛亥，遷。五月乙卯，那桐戶部尚書。
戶部漢尚書	鹿傳霖
禮部滿尚書	世續 八月壬申，遷。榮慶禮部尚書，丙申，遷。溥良禮部
禮部漢尚書	徐郙
兵部滿尚書	裕德
兵部漢尚書	徐會澧
刑部滿尚書	榮慶 八月壬申，遷。奎俊刑部尚書。
刑部漢尚書	葛寶華
工部滿尚書	松溎
工部漢尚書	呂海寰 未任。葛寶華兼署。
理藩院尚書	阿克丹
都察院左都御史	溥良 八月丙申，遷。九月丁酉，清銳左都御史。
都察院左都御史	陸潤庠
外務部左侍郎	徐壽朋 五月，卒。丙辰，聯芳外務部左侍郎。
外務部右侍郎	聯芳 五月丙辰，遷。顧肇新外務部右侍郎。十一月丁
商部左侍郎	伍廷芳 七月戊戌，商部左侍郎。十一月丁未，遷。陳璧
商部右侍郎	陳璧 七月戊戌，商部右侍郎。十一月丁未，遷。顧肇新
吏部滿左侍郎	溥善
吏部漢左侍郎	李殿林
吏部滿右侍郎	繼祿
吏部漢右侍郎	張英麟
戶部滿左侍郎	景澧
戶部漢左侍郎	陳邦瑞
戶部滿右侍郎	那桐 五月乙卯，遷。鐵良戶部右侍郎。
戶部漢右侍郎	戴鴻慈
禮部滿左侍郎	特圖慎
禮部漢左侍郎	李紱藻
禮部滿右侍郎	綿文
禮部漢右侍郎	朱祖謀
兵部滿左侍郎	貽穀 八月壬戌，遷。癸亥，增崇兵部左侍郎。
兵部漢左侍郎	李昭煒
兵部滿右侍郎	文林 九月壬午，病免。庚戌，恩順兵部右侍郎。
兵部漢右侍郎	陸寶忠
刑部滿左侍郎	崇勳
刑部漢左侍郎	沈家本
刑部滿右侍郎	孚琦
刑部漢右侍郎	胡燏棻
工部滿左侍郎	松壽 三月乙丑，遷。崇壽工部左侍郎。
工部漢左侍郎	唐景崇
工部滿右侍郎	溥興 八月癸酉，遷。甲戌，溥鋼工部右侍郎。
工部漢右侍郎	秦綬章
理藩院左侍郎	壽耆
理藩院右侍郎	儒林 正月辛巳，遷。清銳理藩院右侍郎。九月丁酉，遷。
都察院滿左副都御史	成章
都察院滿左副都御史	奕杕
都察院漢左副都御史	曾廣鑾
都察院漢左副都御史	張仁黼

	光緒三十年甲辰
	奕劻
	那桐
	瞿鴻禨
	載振
	世續
	張百熙
	榮慶
	鹿傳霖十月調署工部。趙爾巽署戶部尚書。
尚書。	溥良
	徐郙
	裕德十月丁未遷。戊申，長庚兵部尚書。
	徐會澧
	奎俊
	葛寶華
	松溎
	呂海寰未任。葛寶華七月免。兼署。鹿傳霖調署
	阿克丹正月卒。丁卯，奎俊理藩院尚書。八月壬
	清銳十月戊申遷。溥頲左都御史。
	陸潤庠
	聯芳
未遷。伍廷芳外務部右侍郎。	伍廷芳
商部左侍郎。	陳璧
商部右侍郎。	顧肇新
	溥善
	李殿林
	繼祿
	張英麟
	景澧
	陳邦瑞
	鐵良四月癸亥遷。增崇戶部右侍郎。
	戴鴻慈
	特圖慎
	李紱藻
	綿文
	朱祖謀
	增崇四月癸亥遷。鐵良兵部左侍郎。
	李昭煒四月癸亥遷。秦綬章兵部左侍郎，未任。
	恩順
	陸寶忠
	崇勳
	沈家本
	孚琦
	胡燏棻
	崇壽
	唐景崇
	溥鋼
	秦綬章四月癸亥遷。李紱藻工部右侍郎。
	壽耆
戊戌，堃岫理藩院右侍郎。	堃岫
	成章
	奕杕
	曾廣鑾
	張仁黼

	光緒三十一年乙巳	九月庚辰，設巡警部。十一月
	外務部總理大臣	奕劻
	外務部會辦大臣	那桐
	外務部尚書	瞿鴻禨
	商部尚書	載振
	吏部滿尚書	世續 六月己未，遷。奎俊吏
	吏部漢尚書	張百熙 四月丙午，調。鹿傳
	戶部滿尚書	榮慶 十一月己卯，調。鐵良
	戶部漢尚書	鹿傳霖 趙爾巽仍署。四
	禮部滿尚書	溥良
	禮部漢尚書	徐郙
	學部尚書	榮慶 十一月己卯，學部尚
	兵部滿尚書	長庚 六月庚戌，遷。鐵良兼
	兵部漢尚書	徐會澧 十二月己酉，卒。庚
	刑部滿尚書	奎俊 六月己未，遷。溥興刑
	刑部漢尚書	葛寶華
工部尚書。	巡警部尚書	徐世昌
申遷。溥興理藩院尚書。	工部滿尚書	松溎
	工部漢尚書	呂海寰 十二月庚戌，遷。陸
	理藩院尚書	溥興 六月己未，遷。特圖慎
	都察院滿左都御史	溥頲 正月乙未，遷。特圖慎
	都察院漢左都御史	陸潤庠 十二月庚戌，遷。陸
	外務部左侍郎	聯芳
	外務部右郎郎	伍廷芳
	商部左侍郎	陳璧
	商部右侍郎	顧肇新
	吏部滿左侍郎	溥善 正月丙申，繼祿吏
	吏部漢左侍郎	李殿林
	吏部滿右侍郎	繼祿 正月丙申，遷。壽耆吏
	吏部漢右侍郎	張英麟
	戶部滿左侍郎	景澧
	戶部漢左侍郎	陳邦瑞
	戶部滿右侍郎	增崇 五月己亥，遷。鐵良戶
	戶部漢右侍郎	戴鴻慈
	禮部滿左侍郎	特圖慎 十一月庚寅，遷。薩
	禮部漢左侍郎	李紱藻
	禮部滿右侍郎	綿文
徐世昌，署。	禮部漢右侍郎	朱祖謀
	學部左侍郎	熙瑛 十一月己卯，學部左
	學部右侍郎	嚴修 十一月己卯，署學部
	兵部滿左侍郎	鐵良 五月己亥，遷。增崇兵
	兵部漢左侍郎	秦綬章
	兵部滿右侍郎	恩順
	兵部漢右侍郎	陸寶忠 十二月遷。壬子，張
	刑部滿左侍郎	崇勳
	刑部漢左侍郎	沈家本
	刑部滿右侍郎	孚琦
	刑部漢右侍郎	胡燏棻
	巡警部左侍郎	毓朗 九月庚辰，巡警部左
	巡警部右侍郎	趙秉鈞 九月庚辰，署巡警
	工部滿左侍郎	崇壽
	工部漢左侍郎	胡燏棻 十月己未，工部左
	工部滿右侍郎	溥鋼
	工部漢右侍郎	李昭煒
	理藩院左侍郎	壽耆 正月丙申，遷。丁酉，明
	理藩院右侍郎	堃岫
	都察院滿左副都御史	成章 正月丁酉，台布左
	都察院滿左副都御史	奕秋
	都察院漢左副都御史	曾廣鑾
	都察院漢左副都御史	張仁黼

己卯,設學部,

部尚書。

霖吏部尚書。

戶部尚書。

月丙午遷。張百熙戶部尚書。

書。

署。十一月己卯遷。松蔭兵部尚書。

戊,呂海寰兵部尚書。

部尚書。

潤庠工部尚書。

理藩院尚書。

左都御史。六月己未遷。庚申,壽耆左都御史。

寶忠左都御史。

部左侍郎。

部右侍郎。六月庚申遷。增崇吏部右侍郎。

部右侍郎。十一月己卯遷。柯逢時戶部右侍郎,未任。紹英署。

廉禮部左侍郎。

侍郎。十二月壬戌卒。甲子,張仁黼學部左侍郎。

右侍郎。

部左侍郎。六月庚申遷。景厚兵部左侍郎。

仁黼兵部右侍郎。甲子遷,張亨嘉兵部右侍郎。

侍郎。

部右侍郎。

侍郎。

啓理藩院左侍郎。

副都御史。

光緒三十二年丙午	九月乙卯，定設外務部、吏部、民政部、度支部、禮部、學部
外務部總理大臣	奕劻
外務部會辦大臣	那桐
外務部尚書	瞿鴻禨
吏部尚書	鹿傳霖 九月乙卯，專爲吏部尚書。
民政部尚書	徐世昌 九月乙卯，專爲民政部尚書。
度支部尚書	溥頲 九月乙卯，專爲度支部尚書。
禮部尚書	溥良 九月乙卯，專爲禮部尚書。
學部尚書	榮慶 九月乙卯，專爲學部尚書。
陸軍部尚書	鐵良 九月乙卯，專爲陸軍部尚書。
法部尚書	戴鴻慈 九月乙卯，專爲法部尚書。
農工商部尚書	載振
郵傳部尚書	張百熙 九月乙卯，專爲郵傳部尚書。
理藩部尚書	壽耆 九月乙卯，專爲理藩部尚書。
都察院都御史	陸寶忠 九月乙卯，專爲都察院都御史。
外務部左侍郎	聯芳
外務部右侍郎	唐紹儀 九月乙卯還。汪大燮外務部右侍郎，未任前，紹
吏部左侍郎	陳邦瑞 九月乙卯，吏部左侍郎。
吏部右侍郎	唐景崇 九月乙卯，吏部右侍郎。
民政部左侍郎	毓朗 九月乙卯，民政部左侍郎。
民政部右侍郎	趙秉鈞 九月乙卯，民政部右侍郎。
度支部左侍郎	紹英 九月乙卯，度支部左侍郎。
度支部右侍郎	陳璧 九月乙卯，度支部右侍郎。
禮部左侍郎	張亨嘉 九月乙卯，禮部左侍郎。
禮部右侍郎	景厚 九月乙卯，禮部右侍郎。
學部左侍郎	嚴脩 九月乙卯，仍學部左侍郎。
學部右侍郎	達壽 九月乙卯，仍學部右侍郎。
陸軍部左侍郎	壽勳 九月乙卯，陸軍部左侍郎。
陸軍部右侍郎	廕昌 九月乙卯，陸軍部右侍郎。
法部左侍郎	紹昌 九月乙卯，法部左侍郎。
法部右侍郎	張仁黼 九月乙卯，法部右侍郎。
農工商部左侍郎	唐文治 九月乙卯，農工商部左侍郎。十月癸亥免。熙彥農
農工商部右侍郎	顧肇新 九月乙卯，農工商部右侍郎。十二月卒。楊士琦
郵傳部左侍郎	唐紹儀 九月乙卯，郵傳部左侍郎。
郵傳部右侍郎	胡燏棻 九月乙卯，郵傳部右侍郎。十一月卒。乙未，吳重
理藩部左侍郎	堃岫 九月乙卯，理藩部左侍郎。
理藩部右侍郎	恩順 九月乙卯，理藩部右侍郎。
都察院副都御史	伊克坦 九月乙卯，都察院副都御史。
都察院副都御史	陳名侃 九月乙卯，都察院副都御史。

部、陸軍部、法部、農工商部、郵傳部、理藩部，各設尚書一，侍郎二；都察院設都

儀仍兼署。

工商部左侍郎。

農工商部右侍郎。

熙郵傳部右侍郎。

御史一，副都御史二，均不分滿漢。戶、兵、刑部均改名。裁工部。

光緒三十三年丁未
奕劻
那桐
瞿鴻禨 五月丁酉免。戊戌,呂海寰外務部尚書。七月丙辰遷。袁世凱外務部
鹿傳霖
徐世昌 三月己亥遷。那桐兼署。五月戊戌,善耆民政部尚書。
溥頲 四月丁卯遷。載澤度支部尚書。
溥良
榮慶
鐵良
戴鴻慈
載振 四月丙寅免。丁卯,溥頲農工商部尚書。
張百熙 二月己卯卒。林紹年署。三月壬子,岑春煊郵傳部尚書。四月遷。陳璧
壽耆
陸寶忠
聯芳
汪大燮 八月出使。梁敦彥署外務部右侍郎。
陳邦瑞 七月甲午遷。唐景崇吏部左侍郎。
唐景崇 七月甲午遷。張仁黼吏部右侍郎。
毓朗 八月庚申憂。崇勳署。
趙秉鈞
紹英
陳璧 四月戊寅遷。林紹年度支部右侍郎。七月癸巳遷。陳邦瑞度支部右侍
張亨嘉
景厚
嚴修
達壽 八月出使日本。熙彥署學部右侍郎。
壽勳
蔭昌
紹昌
張仁黼 四月壬申遷。沈家本法部右侍郎。
熙彥
楊士琦
唐紹儀 三月庚子遷。朱寶奎郵傳部左侍郎。甲寅革。吳重熹郵傳部左侍郎。
吳重熹 三月甲寅遷。于式枚郵傳部右侍郎。八月出使。郭曾炘署郵傳部右
堃岫
恩順
伊克坦
陳名侃

	光緒三十四年戊申	
	奕劻	
	那桐	
尚書。	袁世凱	十一月,梁敦彥外務部尚書。
	陸潤庠	
	善耆	
	載澤	
	溥良	
	榮慶	
	鐵良	
	戴鴻慈	八月給假。葛寶華署法部尚書。
	溥頲	
郵傳部尚書。	陳璧	
	壽耆	
	陸寶忠	四月病免。張英麟都察院都御史。
	聯芳	
	汪大燮	五月丙午還。梁敦彥外務部右侍郎。
	唐景崇	
	張仁黼	二月乙丑假。吳郁生署吏部右侍郎。五月庚戌,仁黼
	毓朗	袁樹勛正月授。三月癸巳,烏珍署民政部左侍郎。
	趙秉鈞	
	紹英	
郎。	陳邦瑞	
	張亨嘉	憂。五月壬子,景厚禮部左侍郎。二月癸亥,于式枚禮
	景厚	五月辛亥遷。郭曾炘署。
	嚴修	
	達壽	遷。四月己卯,寶熙學部右侍郎。
	壽勳	
	廕昌	
	紹昌	
	沈家本	
	熙彥	
	沈雲霈	
	汪大燮	八月丙辰,郵傳部左侍郎。吳郁生署。
侍郎。	于式枚	二月癸亥遷。盛宣懷郵傳部右侍郎。乙丑,充會辦商
	堃岫	遷。四月己卯,達壽理藩部左侍郎。
	恩順	
	伊克坦	
	陳名侃	

宣統元年己酉		
外務部總理大臣	奕劻	
外務部會辦大臣	那桐	
外務部尚書	梁敦彥	
吏部尚書	陸潤庠 十	
民政部尚書	善耆	
度支部尚書	載澤	
禮部尚書	溥良 八月	
學部尚書	榮慶	
陸軍部尚書	鐵良	
法部尚書	戴鴻慈 八	
農工商部尚書	溥頲	
郵傳部尚書	陳璧 正月	
理藩部尚書	壽耆	
都察院都御史	張英麟	
外務部左侍郎	聯芳	
外務部右侍郎	梁敦彥 正	
吏部左侍郎	唐景崇	
吏部右侍郎	于式枚	綱、免．辛亥．于式枚吏部右侍郎、瑞良署。
民政部左侍郎	烏珍 閏二	
民政部右侍郎	趙秉鈞 閏	
度支部左侍郎	紹英	
度支部右侍郎	陳邦瑞	
禮部左侍郎	景厚	部左侍郎。五月辛亥、遷景厚禮部右侍郎。
禮部右侍郎	郭曾炘	
學部左侍郎	嚴修 十二	
學部右侍郎	寶熙	
陸軍部左侍郎	壽勳	
陸軍部右侍郎	廕昌 八月	
法部左侍郎	紹昌	
法部右侍郎	沈家本	
農工商部左侍郎	熙彥	
農工商部右侍郎	楊士琦	
郵傳部左侍郎	汪大燮	
郵傳部右侍郎	盛宣懷	約大臣。沈雲霈署。
理藩部左侍郎	達壽	
理藩部右侍郎	恩順	
都察院左副都御史	伊克坦	
都察院左副都御史	陳名侃	

宣統二年庚戌十一	
外務部總理大臣	
外務部會辦大臣	
外務部尚書	
吏部尚書	一月丙寅遷。李殿林吏部尚書。
民政部尚書	
度支部尚書	
禮部尚書	遷。葛寶華禮部尚書。
學部尚書	
陸軍部尚書	
海軍部大臣	月遷。廷杰法部尚書。紹昌署。
法部尚書	
農工商部尚書	辛卯革。李殿林署郵傳部尚書。庚子,徐世昌補。
郵傳部尚書	
理藩部尚書	
都察院都御史	
外務部左侍郎	月癸未遷。鄒嘉來實授外務部右侍郎。
外務部右侍郎	
吏部左侍郎	
吏部右侍郎	月壬午,實授民政部左侍郎。
民政部左侍郎	二月壬午休致。林紹年民政部右侍郎。
民政部右侍郎	
度支部左侍郎	
度支部右侍郎	
禮部左侍郎	
禮部右侍郎	月乙未假。李家駒署學部左侍郎。
學部左侍郎	
學部右侍郎	
陸軍部左侍郎	壬寅丁憂改署。姚錫光仍署。
陸軍部右侍郎	
法部左侍郎	
法部右侍郎	
農工商部左侍郎	
農工商部右侍郎	
郵傳部左侍郎	
郵傳部右侍郎	
理藩部左侍郎	
理藩部右侍郎	
都察院左副都御史	
都察院左副都御史	

月，裁陸軍部尚書、侍郎，改設正副大臣，增設海軍部及海軍大臣。

奕劻	
那桐	
梁敦彥	四月癸巳假。鄒嘉來署外務部尚書。六月壬辰，梁敦彥病免。鄒嘉來
李殿林	
善耆	
載澤	
葛寶華	二月乙未卒。丙申，榮慶禮部尚書。
榮慶	二月遷。唐景崇學部尚書。
鐵良	正月辛亥假。壽勳署陸軍部尚書。二月辛巳，鐵良病免。廕昌陸軍部尚
載洵	十一月癸卯，海軍大臣。
廷杰	十二月戊寅卒。紹昌法部尚書。
溥頲	
徐世昌	七月甲寅遷。唐紹儀郵傳部尚書。沈雲霈署。十二月丙子，唐紹儀免。
壽耆	
張英麟	
聯芳	四月己丑遷。鄒嘉來外務部左侍郎。四月癸巳陸署。曹汝霖署外務部
鄒嘉來	四月己卯遷。胡維德外務部右侍郎。六月壬辰遷。曹汝霖外務部右
唐景崇	二月丙申遷。吳郁生吏部左侍郎。丁酉遷。于式枚吏部左侍郎。
吳郁生	二月丙申遷。于式枚吏部右侍郎。丁酉遷。瑞良吏部右侍郎。九月辛
烏珍	
林紹年	
紹英	
陳邦瑞	
景厚	
郭曾炘	
嚴修	三月戊申遷。己酉，寶熙學部左侍郎。
寶熙	三月遷。李家駒學部右侍郎。
壽勳	十一月癸卯，改授陸軍部副大臣。
廕昌	二月遷。姚錫光陸軍部右侍郎。十一月裁。
紹昌	十二月遷。沈家本法部左侍郎。曾銘署。
沈家本	十二月遷。王垿法部右侍郎。
熙彥	
楊士琦	
汪大燮	四月出使。李焜瀛署郵傳部左侍郎。七月乙卯，沈雲霈署。十二月改
盛宣懷	十二月遷。吳郁生郵傳部右侍郎。
達壽	
恩順	
伊克坦	
陳名侃	

外務部尚書。

會。壬午，以未服滿改署。十一月癸卯，改陸軍大臣。

盛宣懷郵傳部尚書，

左侍郎。六月壬辰，胡惟德外務部左侍郎，
侍郎。

亥，署綏遠城將軍。吳郁生署。十二月丙子，吳郁生改授。沈雲霈署吏部右侍郎。

署，李經芳署郵傳部左侍郎。

	宣統三年辛亥四月,裁吏部、禮部,改各部尚書為大臣,設弼德院。六月,設典
外務部大臣	鄒嘉來四月遷。梁敦彥外務部大臣。九月乙亥免。庚寅,
民政部大臣	善耆四月改民政大臣,閏六月遷。桂春署民政部大臣。
度支部大臣	載澤四月改度支部大臣。八月,兼鹽政大臣。九月乙亥
學部大臣	唐景崇四月改學部大臣。
陸軍部大臣	廕昌九月乙亥免。己丑,王士珍陸軍部大臣。壽勳暫署。
海軍部大臣	載洵九月乙亥免。己丑,薩鎮冰海軍部大臣。譚學衡暫
法部大臣	紹昌四月改司法部大臣。九月乙亥免。己丑,沈家本司
農工商部大臣	溥頲二月遷。溥倫農工商部尚書。四月,改農工商部大
郵傳部大臣	盛宣懷四月改郵傳部大臣。九月己巳革。唐紹怡郵傳
理藩部大臣	壽耆四月,改理藩部大臣。九月乙亥免。己丑,達壽署理
都察院都御史	張英麟
弼德院院長	四月,陸潤庠弼德院院長。六月免。榮慶弼德院院長。
典禮院掌院學士	六月,李殿林典禮院掌院學士。
外務部副大臣	九月庚寅,胡維德外務部副大臣。曹汝霖署。
民政部副大臣	九月庚寅,烏珍民政部副大臣。
度支部副大臣	九月庚寅,陳錦濤度支部副大臣。十月庚戌辭免。辛亥,
學部副大臣	九月庚寅,楊度學部副大臣。辛卯辭免。劉廷琛學部副
陸軍部副大臣	九月庚寅,田文烈陸軍部副大臣。
海軍部副大臣	九月庚寅,譚學衡海軍部副大臣。
法部副大臣	九月庚寅,梁啓超法部副大臣。定成署。十一月甲戌,梁
農工商部副大臣	九月庚寅,熙彥農工商部副大臣。祝瀛元署。
郵傳部副大臣	九月庚寅,梁如浩郵傳部副大臣。梁士詒署。
理藩部副大臣	九月庚寅,榮勳理藩部副大臣。

祿院,裁各部侍郎,改設外務各部副大臣。

仍爲外務部大臣。胡維德署。

九月庚寅,趙秉鈞民政部大臣,

免。己丑,嚴修度支部大臣。紹英署。

署。

法部大臣。

臣。九月乙亥免。己丑,張謇農工商部大臣。熙彥暫署。

部大臣。吳郁生署。九月己丑,楊士琦署郵傳部大臣。十一月己卯免。梁士詒

藩部大臣。

周自齊度支部副大臣。

大臣,辭免。勞乃宣署。

啓超辭免。曾鑑法部副大臣。

署郵傳部大臣。